24H

首爾漫旅

Seoul guide

Perfect trip for beginners & repeaters.

瑞昇文化

WE ♥ 서울

前 往 愛 愛 愛 不 完 的 首 爾

　　本書為日本2019年出版之《Seoul guide 24H》的修訂版。疫情過後，首爾市改變了許多。本書也緊緊跟上當前潮流，新增140多項新商家與景點資訊，以小時為單位，全面更新首爾最佳玩法。

　　這次我們規劃行程的宗旨是「可以推薦朋友去哪裡」和「可以和朋友一起去哪裡」。無論是正在計劃首爾之旅的人，目前還沒有安排的人，我們都期許大家讀了這本充滿首爾愛的書籍之後，心也能跟著我們飛向首爾。

omo！

24H Seoul guide CONTENTS

Morning (8:00-11:00)

Midday (11:00-14:00)

閱讀本書之前

資訊標記說明

☎=電話號碼　🏠=地址

🕘=營業時間　若為餐廳，即代表開店～打烊時間（LO為最後加點時間）。若為機構，則代表開館至最後入場時間。實際情況可能會比書上標示時間更早或更晚，請以各商家機構公告為準。

🔓=公休日　原則上僅標示年節等國定假日以外的公休日。即使標記無休，當地農曆新年、中秋等連假期間亦可能休息，行前務必再三確認店家資訊。

📍=交通　標示交通方式與距離出發地點所需的移動時間。

Ⓘ=該商家機構的Instagram帳號

URL=官方網址

MAP P.000 A-0　標示該物件在地圖上的位置。

★本書刊載資訊的最後更新日期為2023年8月，實際情形可能在本書出版後有所變更，參考本書時請務必再次確認實際狀況。
★書中介紹之商品有可能售完或調整價格，此外，機構收取之費用、營業時間、公休日、菜單亦可能變動，行前務必確認現況。
★任何因本書內容造成的損失，恕不賠償。

안녕! 서울

先簡單預習一下首爾的資訊

首爾住了韓國將近五分之一的人口，是一座大城市。面積約為605km²，與東京23區幾乎相同。漢江將首爾分成南北兩區，兩區各擁有不同的氛圍和魅力。

가자～！
Let's go

惠化站 ⑥

西村　北村

這一區保留不少傳統韓屋

鍾路·乙支路　東大門站

明洞　東大門

南大門

首爾車站

購物不夜城直到深夜都熱鬧！

玉水站　纛島站　聖水站

漢南洞　聖水

梨泰院

這裡有許多老工廠改建的超酷熱門景點

龍山

公園周邊開了許多精美商家

狎鷗亭　清潭洞 ⑨

江南區廳站

漢江

街路樹街

④

江南

⑦　③

從機場到市中心需要多久？

從仁川機場搭乘機場快線，至明洞約60分鐘；從金浦機場出發則約40分鐘。若搭直達車，從仁川機場到首爾站僅需43分鐘！

從仁川搭約 **60** 分鐘
從金浦搭約 **40** 分鐘

匯率

₩**1000** ≒ **23** 新台幣

韓國的通用貨幣為韓元（₩）。根據2024年2月的匯率，₩1000換算成新台幣約為23元。當地並無支付小費的習慣。

物價水準

礦泉水　₩1000左右
咖啡　₩4500左右
計程車起程運價　₩4800
地鐵　₩1500 ※2023年10月迄今

官方語言

韓語

明洞、東大門、弘大等日本觀光客較多的地區，許多飯店都有提供日語服務。咖啡廳和酒吧也常會準備英文版菜單。

你好
안녕하세요／annyeong haseyo

謝謝
감사합니다／kamsa hamnida

對不起、不好意思
죄송합니다／choesong hamnida

是　　　　　　**不是**
네／ne　　　　아니요／a niyo

沒關係
괜찮아요／kenchanayo

請問多少錢
얼마예요?／eolmayeyo

請給我這個
이거　주세요／igo juseyo

最佳旅遊季節

春~秋

避開農曆新年與中秋節

韓國的四季與日本幾乎相同，但冬季嚴寒，溫度可能下探負10℃。春季氣候溫和宜人，但需要準備口罩，防範PM2.5的侵擾。當地商家在農曆新年期間和中秋節大多會休息，建議避開這些時期。當地節日是以農曆為準，因此每年各個節日的國曆日期不盡相同。

時差

韓國快1小時

飛行時間

台灣→首爾

約 **3~3.5** 小時

方便的下榻地點

明洞、東大門、弘大

明洞和東大門四通八達，至於繁華的弘大則與機場之間交通便捷。這些地方的住宿選擇都很多元，有青年旅館，也有高級飯店。

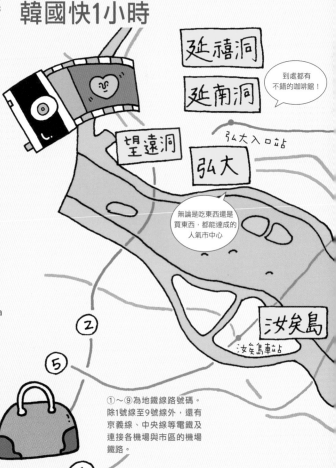

延禧洞

延南洞

到處都有不錯的咖啡館！

望遠洞

弘大入口站

弘大

無論是吃東西還是買東西，都能達成的人氣市中心

汝矣島

汝矣島車站

②

⑤

①~⑨為地鐵線路號碼。除1號線至9號線外，還有京義線、中央線等電鐵及連接各機場與市區的機場鐵路。

①

3天2夜也能超滿足！ 最淋漓盡致的玩法。

3Days Perfect Planning

第一天上午抵達首爾，回程搭晚上的班機。想去的地方、想做的事情、想吃的美食，全部濃縮成3天2夜的行程！

am	抵達首爾！
12:00	就～是要吃醬油蟹！ →P.52
14:00	品味韓國茶的New & Traditional →P.72
15:00	透心涼的韓國刨冰＆義式冰淇淋 →P.86
16:00	傍晚後熱鬧起來的西巡邏街 →P.92
17:00	不推不行的超專業烤腸店 →P.118
18:00	最時尚的新堂洞＆首爾中央市場 →P.120
20:00	炸雞＆啤酒，為雞啤乾杯！ →P.128
22:00	nyu·nyu的深夜shopping →P.150
23:00	第3攤就在便利商店享用편맥（便啤）→P.152

Planning: **Day 1**

（12:00-23:00）

" 從第一天就開始全力享受
從白天的美食、咖啡廳
一直到深夜的購物趣 "

抵達首爾後，先來一份醬油蟹。餐後再到韓國茶／咖啡廳放鬆一下，吃點冰冰涼涼的義式冰淇淋補充糖分。傍晚再到西巡邏街，沿著世界遺產的城牆散散步。晚上吃完美味的烤腸後，前往時下熱門景點。中間穿插一個雞啤行程，然後再到深夜不打烊的百貨公司，盡情享受購物樂趣！

充分發揮韓國食材風味的「aga gelato 聖水」（P.87）。店面裝潢也非常可愛！

008

Planning:
Day 2 (9:00-15:00)

" 陶醉於美好的
小鎮咖啡館！
體驗市場的熱鬧活力 "

早上到氣氛不錯的咖啡館來一杯咖啡醒醒
腦，然後到廣藏市場吃吃特色美食，逛逛
年輕老闆打造的新景點。下午則前往在地
小鎮「西村」，午餐推薦到當地的「安
德」（P.47）。稍微散步之後，再買一
些香水和雜貨！

09:00 超有情調的晨間咖啡館	→P.18
10:00 廣藏市場的全新享受攻略	→P.22
12:00 午後悠閒漫步西村	→P.46
14:00 韓國在地香氛產品	→P.68
15:00 韓國家居用品&廚房雜貨	→P.82
＋3間韓國雜貨選物店	→P.84

西村在地咖啡館「OUVERT
SEOUL」（P.46）原本是一
座印刷廠，翻新過後依舊保留
韻味，十分迷人。

西村 COFFEE BAR 2022

OUVERT
@OUVERT_SEOUL
COFFEE BAR

138, Pirundae-ro,
Jongno-gu,
Seoul,
Republic of Korea

SAT-SUN
AM 10-PM10

AMERICANO
COFFE LATTE
FLAT WHITE
EINSPÄNNER
(₩ 3,800)

Planning:
Day2 (17:00-22:00)

❝ 前進隱密酒吧
和酒品專賣店
享受首爾夜生活！❞

晚餐就吃超級多汁的熟成烤豬♡飽餐一頓後，前往乙支路
感受夜晚城市的繁華。到酒品專賣店品嘗各種韓國傳統
酒，或跑跑幾間充滿復古情調的酒吧，盡情享受夜生活。
回飯店之前，再到營業至深夜的超市採買伴手禮。

17:00 請張好吃的熟成烤豬 →P.114

19:00 乙支路愈夜愈美麗！ →P.126

20:00 在酒專小酌韓國傳統酒or在韓屋暢飲精釀啤酒 →P.132

21:00 內行人才懂的時髦夜生活 →P.146

22:00 飯後到超市購買分送用伴手禮 →P.148

位於乙支路商辦大樓的酒吧「Ace Four Club」（P.126），保留過去咖啡店與理髮店的招牌，散發著濃濃的復古氛圍。

搭乘晚上的班機回國

「London Bagel Museum 安國店」（P.15）。店裡有許多特色貝果。

「THE HYUNDAI SEOUL」（P.28）有許多人氣本土品牌和咖啡廳進駐。

Planning: **Day 3** (8:00-16:00)

" 貝果咖啡廳、
雜貨店、書店。
最後一天也要行程滿檔 "

最後一天一早先去排隊享用美味貝果。提前30分鐘抵達，才能開店時就進門。早餐後到THE HYUNDAI SEOUL逛一逛，品嘗我們最愛的平壤冷麵（一定要吃過這個才能回家）！下午則逛逛書店和各種商店直到最後一刻，再依依不捨地前往機場。

pixel per inch

「pixel per inch」（P.78）。這家選物店的主題為照片，提供豐富的攝影集和小型出版品。

「Public Garden」（P.25）位於廣藏市場旁一棟建築物的頂樓，是一家氛圍舒適、隱密無比的咖啡廳。

SEOUL THE BEST TIME

IN THE

Morning

08:00 - 11:00

難得的旅行，當然一早就要上街感受首爾的氛圍！本章節會介紹各種滿足雀躍心情的景點。到視野優良的咖啡廳制定計劃也好，或是前往活力四射的市場也好，愉快的一天就從這裡開始。

Best time!

08:00

人人排隊搶著買！

貝果店
Open Run (오픈 런)！

貝果在2021年左右突然風靡了整個韓國。以下介紹幾間一定要「open run（一開門就上門）」的超人氣貝果店。早一點起床，才吃得到剛出爐的貝果。

2022年10月開幕的聖水店，是繼永登浦和漢南洞之後的第3家分店。工廠改建的店面空間相當寬敞。

KOKKILI BAGEL 聖水
코끼리베이글 성수

「首爾三大貝果店」之一

這個品牌在2017年於永登浦創立。引進義大利石窯烘烤貝果，貝果表面又香又脆，內部鬆軟又不失嚼勁，令人回味無窮。

(MAP)P.182 D-2 ☎02-498-0077 ⌂城東區聖水2路26街17 ◷8:30〜21:00（LO20:30）🔒無休 🚇地下鐵2號線聖水站2號出口步行5分鐘〔聖水〕🅾 kokkilibagel

這間店
8:30
OPEN

老闆費時2年開發出韓國人喜歡的Q彈口感 Ⓐ菠菜₩3500 Ⓑ甜鹹巧克力₩3500 Ⓒ原味₩2500 Ⓓ三重起司₩3500 Ⓔ橄欖起司₩3500。

類似羅馬生乳包的奶油起司鮮奶油貝果₩5600。

一批又一批剛出爐的貝果
從廚房端上架。

Today's
SOUP!
1 Mushroom
Truffle Soup
2 Tomato
roste Soup

(A) Fig & walnut
cream cheese

(B) Raspberry lemonise Jam
And Cream cheese

(C) Maple pecan Nut
And Cream cheese

(D) Lemon curd And
And Cream cheese

Brick
Lane

夾著滿滿奶油乳酪的Brick Lane ₩6800，
吃之前記得淋上蜂蜜。蘑菇湯₩1萬2800。

有各種口味的醬料
₩3800 (A)無花果
核桃＆奶油乳酪 (B)
覆盆子＆奶油乳酪
(C)楓糖胡桃＆奶油乳
酪 (D)檸檬酪＆奶油
乳酪。

(E)夾有火腿以及奶油的Jambon butter ₩
8500 (F)含蔥、韭菜、奶油乳酪的招牌貝
果Spring onion pretzel bagel ₩8500
(G)Pretzel butter salt bagel ₩5900 (H)
Potato cheese bagel ₩5500 (I)有點類
似肉桂捲的Cinnamon peacan bagel ₩
4700。

先在門口
抽號碼牌

早上7點半開放現場登
記候位，在機器上輸入
聯絡方式。

London Bagel Museum 安國店
런던 베이글 뮤지엄 안국점

引爆韓國貝果熱潮的貝果店

提供許多獨特的韓國風格貝果，例如用蔥、
韭菜搭配奶油乳酪的貝果。除了貝果，湯品
也美味無比，很適合當早餐店。充滿英國元
素的裝潢也很有魅力。

(MAP)P.177 B-1 ☎不公開 ♠鐘路區北村路4街20 ⏰
8:00～18:00 ♠無休 ♠地下鐵3號線安國站3號出口步
行5分鐘［北村］◎ london.bagel.museum

08:00

新鮮麵包排排站！首爾最老麵包店

早餐來點
太極堂的老派麵包

推薦麵包＆點心照過來！

全部的商品都是每日在店內現做。糕餅類買來當伴手禮也不錯！

\ **伴手禮用** / \ **內用必點** / \ **點心時間** /

₩2100。帶著淡淡的檸檬香、口感相當清爽的小蛋糕。蜂蜜檸檬蛋糕

₩3200。鬆鬆軟軟的奶油夾心餐包。鮮奶油麵包。

₩2800。在柔軟的蜂蜜蛋糕上方擠上奶油霜。黃色蒙布朗

₩2100。擁有濃郁奶油香的沙布蕾。品名「해바라기」的意思是向日葵

₩3300。用迷你吐司包住蜂蜜蛋糕和蘋果果醬的荷蘭包

₩2300。糯米粉餡甜甜圈Q軟麵包夾著微甜內餡

₩7900。還有其他許多酥脆脆的餅乾，例如花生餅乾

₩3100。在柔軟小吐司裡面夾著奶油霜的奶油麵包

₩3800。糕泡芙麵包能吃到滿滿的黃豆粉與鮮奶油打

IN THE
Morning
(08:00-11:00)

總店才看得到的迷人小細節！

免費的貼紙和充滿歷史氣息的裝潢，看了好心動！

散發歷史感的元素

70週年紀念商品

冰淇淋最中餅也很有名

員工的制服

1 Ⓐ袋子也很可愛 ⒷⒸ創業70週年的紀念貼紙＆明信片 Ⓓ2022年推出adidas聯名鞋款 **2** 制服背面印上品牌吉祥物：麵包大叔 **3** 收銀機旁的標語記述了創辦人的經營理念：「納稅培養國力，結帳務必精確」。壁畫仍保留了改建前的模樣 **4** 太極堂最中餅 ₩2500。

☆☆☆ THE HYUNDAI SEOUL（P.28）的地下1樓也有太極堂的分店，同樣吃得到各種麵包與冰淇淋最中餅。

超過100種麵包
擺在眼前！

單純來咖啡廳
也OK！

5 水晶吊燈和紅色招牌都是太極堂的象徵。商品包裝使用名為「太極字體」的原創字型。如此講究細節的品牌形象令人傾心 **6** 咖啡廳提供免費Wi-Fi與電源 **7** 招牌的蔬菜沙拉麵包₩7600。以蓬鬆的橄欖型餐包夾起美乃滋拌高麗菜雞蛋沙拉 **8** 2015年翻修時擴建的空間 **9** 買完麵包或點心後也可以拿到咖啡廳區域享用。

太極堂
태극당

1946年創業的懷舊麵包店

太極堂對品質一絲不苟，如招牌吐司堅持使用南楊州直營牧場的牛奶，諸多長青商品半世紀以來都堅守著同樣的滋味。

(MAP) P.174 E-4 ☎02-2279-3152 ⋒中區東湖路24街7 ◷8:00~21:00 🔒無休 ♀地下鐵3號線東大入口站2號出口步行1分鐘〔東大入口〕 ◎ taegeukdang

結完帳後當場吃
首爾最老麵包店

1946年「太極堂」於明洞創立，1973年遷至現址，2015年全面翻新，擴建了賣場並增設咖啡廳。店內充滿首爾1970年代的復古風情，每天提供將近100種不同的麵包，接踵而至的在地人常常一次就買滿一大袋麵包。

除了麵包和糕點，店裡還有專業的冰淇淋師傅。夏天時銷路最好的冰淇淋最中餅，一天就能賣出4000個。推薦大家買一個當飯後甜點！

超有情調的晨間咖啡館

有些店平日早上7點就開門！

首爾的早晨步調緩慢，適合到以下幾間不同類型但同樣舒適的咖啡廳，愜意地揭開一天的序幕！

平日
7:00
OPEN

保留傳統民房樣式的木地板廳堂。這棟百年老屋的前身包含捕盜廳（警察局）、韓醫院、高級餐廳。

麵包大約在早上8點左右全數上架。Strawberry Pastry Tart ₩5500。撒滿糖粉的招牌商品Pandoro ₩6000。

pattern 1

坐在韓屋咖啡館
吃著剛出爐的麵包說早安

Onion 安國
어니언 안국

這是人氣麵包咖啡廳Onion的第3家分店，店面為大型韓屋翻修，空間美得令人陶醉。

(MAP)P.177 B-1 ☎070-7543-2123 🏠鍾路區桂洞街5 ⏰7:00～21:00（LO20:30）、週六、日9:00～ 🔒無休 🚇地下鐵3號線安國站3號出口步行1分鐘〔安國〕❻ cafe.onion

咖啡豆來自澳洲知名烘豆品牌「Dukes Coffee」。

pattern 2

藏身時髦地帶的
秘密咖啡廳

每日
9:00
OPEN

33apartment
33아파트먼트

這間人氣咖啡廳位於時尚界人士來來去去的漢南洞，店面設計由4位具備室內設計師、平面設計師背景的合夥人親自操刀，打造出一座從地上至地下都充滿藝術感的空間。

(MAP)P.180 F-2 ☎02-794-0033 🏠龍山區漢南大路27街33 ⏰9:00～18:00 🔒無休 📍地下鐵6號線漢江鎮站3號出口步行5分鐘〔漢南洞〕
❻ 33apartment

Black Filter Batch Brew ₩6000。Plain Scone ₩4500。店家經常透過Instagram發布新菜單與各種通知。

奶油乳酪搭配培根、堅果、辣椒粉的高蛋白辣椒貝果₩7300。招牌維也納咖啡Signature Vienna ₩7500。

pattern 3

坐在辦公大樓裡 一覽城市風光

平日 8:30 OPEN

COFFEE AND CIGARETTES

커피앤시가렛

店面位於辦公大樓的17樓，窗外可見首爾典型的城市景觀，如報社等稍有年代的大樓群、古色古香的宮殿、崎嶇的山脈。喝咖啡時，一定要搭配他們名聞遐邇的貝果。在店裡販售的鑰匙圈等原創商品也好可愛。

MAP P.175 B-4 ☎02-777-7557 中區西小門路116 17F ⏲8:30～21:00、週六11:00～ 週日 地下鐵1、2號線市廳站9號出口步行1分鐘〔市廳〕 coffeeandcigarettes1706

前有古老的德壽宮，後有北覺山、北漢山、仁王山等山岳。傍晚也很推薦來這座都市中的綠洲。

1 熟成辛奇（白菜製的老泡菜）、鮪魚美乃滋、蟹肉棒等3種口味的迷你海苔蛋絲捲拼盤₩1萬3500B 2 接單後細心製作A 3 用熟成辛奇包裹飯和鮪魚的南道熟成辛奇鮪魚捲₩9500B 4 奶油起司飯捲₩5500A。

Best time!

09:00

超營養早餐首選！

少少的飯、滿滿的料。

大力推薦海苔飯捲

即刻品嘗現做美味

多采多姿的材料與造型！
早上就來點豐盛的海苔飯捲

想要迅速解決早餐時，選擇海苔飯捲準沒錯。雖然首爾到處都有海苔飯捲專賣店，但我們大力推薦的這幾間店的用料特別豐富。大約2013年起，突然有一大堆店家講究起用料，追求「國民速食健康化」，也出現許多減少了米飯用量、低醣高蛋白的「高級飯捲」。演變至今，這種類型的飯捲反倒成了標準款。如今，海苔飯捲依然朝著更多元的方向不斷進化，近年還出現用蛋絲取代飯的海苔蛋絲捲，即使正在執行低醣飲食或節食的人也能開心享用。

☆ ☆ ☆ SUADANG（P.21）連飲料也很豐富，有咖啡、氣泡飲、奶茶。

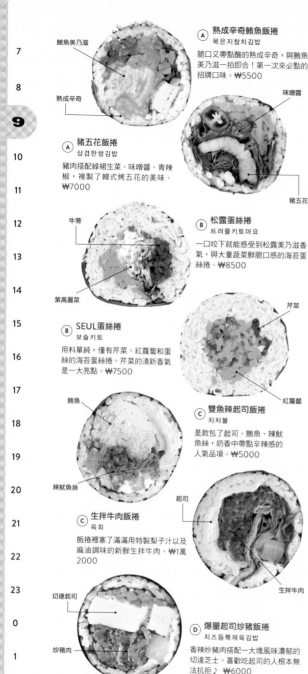

鮪魚美乃滋

熟成辛奇

Ⓐ 熟成辛奇鮪魚飯捲
묵은지참치김밥

脆口又帶點酸的熟成辛奇，與鮪魚美乃滋一拍即合！第一次來必點的招牌口味。₩5500

味噌醬

Ⓐ 豬五花飯捲
삼겹한쌈김밥

豬肉搭配綠裙生菜、味噌醬、青辣椒，複製了韓式烤五花的美味。₩7000

豬五花

牛蒡

Ⓑ 松露蛋絲捲
트러플키토마요

一口咬下就能感受到松露美乃滋香氣，與大量蔬菜鮮脆口感的海苔蛋絲捲。₩8500

紫高麗菜

芹菜

Ⓑ SEUL蛋絲捲
보슬키토

用料單純，僅有芹菜、紅蘿蔔和蛋絲的海苔蛋絲捲。芹菜的清新香氣是一大亮點。₩7500

紅蘿蔔

鮪魚

Ⓒ 雙魚辣起司飯捲
치치불

是款包了起司、鮪魚、辣魷魚絲，奶香中帶點辛辣感的人氣品項。₩5000

辣魷魚絲

起司

Ⓒ 生拌牛肉飯捲
육회

飯捲裡塞了滿滿用特製梨子汁以及麻油調味的新鮮生拌牛肉。₩1萬2000

生拌牛肉

切達起司

炒豬肉

Ⓓ 爆量起司炒豬飯捲
치즈듬뿍제육김밥

香辣炒豬肉搭配一大塊風味濃郁的切達芝士。喜歡吃起司的人根本無法抗拒♪ ₩6000

Ⓐ Hanipsoban
한입소반

連老饕藝人也青睞

提供完全不添加化學調味料與砂糖的健康海苔飯捲。料與飯的比例是9比1，份量十足。

MAP P.173 B-3 ☎02-701-4417 龍山區青坡路45街3 ⏰7:00~19:00 無休 地下鐵4號線淑大入口站8號出口步行4分鐘〔淑大入口〕
hanipsoban_

Ⓑ BOSEUL BOSEUL 狎鷗亭總店
보슬보슬 압구정본점

以海苔蛋絲捲聞名的新面孔

2019年於江南創立，狎鷗亭總店則是於2022年開業。海苔蛋捲絲的口味相當豐富。

MAP P.185 C-1 ☎02-515-1245 江南區狎鷗亭路216地上1F 16~19號 ⏰8:00~21:00（LO20:30）無休 地下鐵3號線狎鷗亭站2號出口步行3分鐘〔狎鷗亭〕
boseulboseul

Ⓒ SUADANG
수아당

琳瑯滿目的獨特飯捲！

2018年開業的飯捲外帶店，擁有生拌牛肉和鮭魚等特殊口味。可以加價將飯換成蛋絲。

MAP P.172 D-1 ☎02-926-0625 城北區東小門路20Ga街33 ⏰7:00~23:00（LO22:00）無休 地下鐵4號線／牛耳新設線誠信女大入口站1號出口步行2分鐘〔誠信女大入口〕
suadang_official

Ⓓ Lee's飯捲 狎鷗亭總店
리김밥 압구정본점

高級飯捲的先驅

飯捲裡包了大量蔬菜，口感爽脆。有些口味還會加起司！

MAP P.185 C-1 ☎02-548-5552 江南區狎鷗亭路30街12 週一～五（6~9月）8:30~20:30，（10~5月）~19:30，週六與國定假日8:00~18:30 週日 地下鐵3號線狎鷗亭站2號出口步行1分鐘〔狎鷗亭〕

要注意炸麻花捲攤位大約在11點開始營業。

Best time!
10:00

追趕時髦不停歇！
廣藏市場 的
全新享受攻略

★ ★ ★ 從鍾路5街站出來後馬上就會看到美食街。每個攤位都有標示編號或店面號碼（如：東部A70號）。

『知名美食』完全攻略！

趁觀光人潮湧入前搶先品嘗

攻略關卡 3

大麥飯

滿滿蔬菜與大麥飯的拌飯。位於東部A39號的「木洞大麥飯」（목동보리밥）₩5000。

攻略關卡 2

麻藥飯捲

顧名思義，一吃就上癮的海苔飯捲。位於「母女紫菜包飯」（모녀김밥）₩3000。

攻略關卡 1

綠豆煎餅

將蔬菜與肉加入磨碎的綠豆後油炸製成的煎餅。位於「順熙家」（순희네）₩5000。

攻略關卡 5

油煎餅

用糯米粉（白色）或高粱粉（棕色）製作的煎餅，一份₩2500。記得淋上攤位提供的水飴。

快來逛逛！
廣藏市場！

攻略關卡 4

炸麻花捲

用糯米粉製作的炸麻花捲甜甜圈₩1000。位於鍾路5街車站一側大排長龍的店家。

攻略關卡 8

刀削麵

推薦東部A70號故鄉刀削麵（고향칼국수）和東部A13號江原道機張刀削麵（기장손칼국수）。

攻略關卡 7

生拌牛肉街

富村生牛肉（P.116）也在這邊。推薦早上來一碗生牛肉拌飯₩9000。

攻略關卡 6

鱈魚湯

到「銀成生魚片店」（은성횟집）享用一碗加了滿滿魚膘的辣鱈魚湯。

廣藏市場
광장시장

首爾最老的市場

1905年成形的傳統市場，商家類型包羅萬象，有韓服、棉被、美食、古著、熟食……等等。許多攤販只收現金，記得多準備一些。

MAP P.176 E-3 ☎02-2269-8855 ⌂鍾路區昌慶宮路88 ⓣ9:00～23:00左右（各店情況不一）🔒週日（各店情況不一）♀地下鐵1號線鍾路5街站8號出口步行1分鐘〔鍾路〕

除了美食，近年市場裡也冒出許多年輕人精心設計的時髦店家，新舊元素融合，平添逛市場的趣味。這些新店家大多11點以後開始營業，用完餐後務必一探究竟。

的店家從清晨就開始營業，建議大家趁早過來吃吃逛逛。大麥飯、綠豆煎餅等市場美食吃哪一家。很多販賣刀削麵、段相對清閒，可以悠哉想想要是擠得水洩不通，不過上午時場中，最熱鬧的地段就是「美食街」。這裡每逢週末下午總在餐廳和攤販櫛比鱗次的市

11點再前往新景點！
上午先來吃遍美食

市場舊攤位冒出的「熱蒲」！

熱蒲＝熱門景點（Hot Place）。市場一隅現在多了一間吸引年輕人的咖啡廳

Onion 廣藏市場
어니언 광장시장

屋齡60年的貴金屬店面舊址改建而成

人氣咖啡館Oinion（P.18）於
2022年8月創立，這是他們的
第4間分店，以「懷舊」為主
題，融入珍珠椅等市場元素。

招牌現烤派

(MAP)P.176 E-3 ☎02-498-0077 🏠鍾
路區清川路215 🕐11:00～19:00（LO
18:50）🔒無休 🚇地下鐵1號線鍾路5街站
7號出口步行1分鐘 🌐cafe.onion

甜點派₩4000、榛果拿鐵₩5000。

採買禮品就到「選物店」

還可以買到設計時尚的市場象徵小物！

鯉魚餅、生拌牛肉造型
的智慧型手機架，每款
₩7500。

365日市集
365일장

還有韓服布料
酒瓶袋！

廣藏市場獨家商品一應俱全

主打「與商人共存，重新發現市場的美好」，販售
許多象徵市場特色的原創商品，還有韓國各地的傳
統酒與名產。

(MAP)P.176 E-3 ☎02-2275-0321 🏠鍾路區鍾路32街21 1F
🕐11:30～19:00 🔒週一、二 🚇地下鐵線鍾路5街站7號出口
步行1分鐘 🌐365iljang

（右）廣藏市場貼紙
₩6000（左）用韓
服布料製作的葡萄酒
瓶袋₩1萬8500。

⭐⭐⭐ 365日市集的4樓還有一間傍晚5點開始營業的隱密酒吧Hidden Hour（⒪hidden_hour），氣氛超好！

『秘密屋頂咖啡廳』的療癒時光

韓服店密集的市場西邊某座大樓的屋頂上，有一間讓人想私藏起來的美麗咖啡廳

肯瓊雞與庫斯庫斯
₩1萬5000、拿鐵
₩6000。

Public Garden
퍼블릭가든

舊倉庫改建的愜意咖啡廳

這間咖啡廳於2022年8月開幕，位於一棟內有銀行等機構的大樓屋頂，店面原本是棄置的舊倉庫，開闊的屋頂座位魅力無窮。季節水果氣泡飲₩6500、味噌焦糖布朗尼₩7000（右上方的照片）。

(MAP) P.176 E-3 ☎0507-1375-3402 🏠鍾路區清川路199 4F ⏰11:00～22:00（LO21:00）🔒無休 📍地下鐵2、5號線乙支路4街站4號出口步行4分鐘 📷 publicgarden.seoul

還有人氣早午餐

吃熱騰騰的煎餅，配一杯『傳統酒』♪

市場裡也有近年來愈來愈多人愛逛的酒品專賣店（P.132）！

HOSUNSENG
호선생전

大冰箱裡擺著滿滿的生馬格利！

這家店提供馬格利等韓國傳統酒以及燒酒，可以搭配現做的煎餅一同享用，直接從冰箱裡挑選喜歡的酒款就行了。煎餅口味豐富，例如肉煎餅蓋拌麵₩1萬6000；也提供外帶。

(MAP) P.176 E-3 ☎02-498-0077 🏠鍾路區鍾路32街15 ⏰12:00～23:00（LO21:50）🔒無休 📍地下鐵1號線鍾路5街站7號出口步行1分鐘 📷 hosunseng

右：氣泡馬格利「꽃잠」₩2萬8000、
左：艾草馬格利「쑥크레」₩2萬9000。

10:00

瞄準開店時間搶先進門！

搶占**景觀咖啡廳的VIP座位**

想要搶占熱門店家的好位子，一定要挑店家一開門時就上門。
捷足先登賞美景，咖啡也會更好喝！

店家規定先點餐再入座，所以記得要
點完餐再找座位。在義式濃縮咖啡擠
上鮮奶油做成的康寶藍₩4800、
Cannoncini（用酥皮包鮮奶油的糕
點）三種口味小拼盤₩9900。

pattern 1

可以遠眺教堂&首爾塔的明洞私房咖啡廳

MOLTO Italian Espresso Bar

몰또 이탈리안 에스프레소바

這間義式咖啡廳與明洞聖堂遙遙相望，從露天座位區望
出去，莊嚴的大教堂和首爾塔一覽無遺，因此無論平日
假日都擠滿了人。餐點選擇也很豐富，例如普切塔₩1
萬2800，非常適合早午餐時段前來。

(MAP) P.177 B-5 ☎02-778-7779 🏠中區明洞街73 3F ⏰10:30～
19:30（餐點LO16:30、咖啡廳LO19:00）🚫週日 📍地下鐵2號線乙
支路入口站5號出口步行7分鐘（明洞）📷 molto_espressobar

Familia Chapel

明洞聖堂於1898年落成，是韓國首座磚造哥德式建築，也是許多電視劇的拍攝地點。

026

pattern 2

坐在南山山腳下品嘗精緻手工甜點

Komfortabel Namsan
콤포타블 남산

香氛品牌GRANHAND（P.68）規劃的咖啡廳，3樓設有商店。店內空間符合店名，充滿木質調的溫暖感，寧靜而舒適。別錯過每天店內廚房推出的手工甜點。

MAP P.175 C-5 ☎070-8804-6502 🏠龍山區Duteopbawi路60街49 ⏰10:00～22:00 🔒無休 📍地下鐵4號線淑大入口站3號出口步行24分鐘〔南山〕 📷 komfortabelcoffee

1店內一隅也擺著GRANHAND的商品，幽幽飄香 **2**生芒果蛋糕₩1萬4000、氣泡茶飲Namsan ₩7000、冰拿鐵₩5000 **3**還有露天座位區。

pattern 3

坐在高台俯瞰首爾街景！

THE ROYAL FOOD & DRINK
더로열푸드앤드링크

提供典型早午餐和手工甜點的複合式咖啡廳。頂樓窗邊座位可以欣賞如詩如畫的美景，所以特別受歡迎！想要坐在這裡，得搶在開店到場。這裡是採用先點餐並結帳的方式，所以要先點餐再入座。

MAP P.173 C-3 ☎070-7774-4168 🏠龍山區新興路20街37 ⏰11:00～22:00 🔒週三、週四 📍地下鐵6號線綠莎坪站2號出口步行21分鐘〔解放村〕 📷 theroyalfad

4頂樓座位。樓梯很陡走要小心腳步。

Best time!
10:30

可以待上一整天的新景點
新世代百貨公司
THE HYUNDAI

THE HYUNDAI SEOUL
더현대 서울

**怎麼拍都好看，
滿是綠樹的百貨公司**

這是現代百貨公司於2021年2月開設
的分店，共有8層樓，包含地下2樓
至地上6樓，約有700個品牌進駐。

MAP P.173 A-3 ☎02-767-2233 🚇永登浦區
汝矣大路108 ⏰10:30～20:00 🔒無固定公
休日 📍地下鐵5、9號線汝矣島站3號出口步
行10分鐘（地下道直達）／地下鐵9號線汝矣
渡口站1號出口步行7分鐘（汝矣島）
📷 thehyundai_seoul

陽光自天井灑落
處處綠意的
舒適百貨公司

THE HYUNDAI SEOUL
顛覆了傳統百貨公司形象，
以優美空間和質感品牌專櫃
打下好口碑。櫃位以MZ世
代、喜愛的在地品牌為主，
一座設施內就能盡享街上各
種「핫플（熱門景點）」。

值得一提的是，百貨公司
內的寬廣空間約有一半為室
內花園和綠意盎然的休息
區，儘管知道這裡是商業設
施，還是讓人不自覺地想要
深呼吸，堪稱都會中的療癒
場所。

※：1981年~2010年出生者。因橫
跨「千禧世代（M世代）」與「Z世代」，
故合稱MZ世代。

☆☆☆ 每個樓層的角落和屋頂的空中庭園也經常舉辦人氣品牌快閃活動。

028

omo! 式逛百貨TIPS

雖然這裡逛上一整天也沒問題,但我相信很多人還有一大堆想去的地方!以下為這樣的讀者整理出一套可以在短時間內充分享受的逛法。

額外小情報

1 務必看看各樓層有什麼快閃活動 **2** 位於6樓的嬰兒休息室設計時髦,美得令人驚艷 Ⓐ 也要關注設計感十足的免費樓層導覽。

店內還有咖啡廳

ARKET
THE HYUNDAI SEOUL 店
아르켓 더현대서울점

H&M集團打造,目前尚未在日本插旗的品牌。這間是全亞洲首間ARKET的分店。
☎02-3277-8416 ⓞ arketofficial

ARKET托特包₩1萬3000。還有許多家居用品。

NICE WEATHER
THE HYUNDAI SEOUL 店
나이스웨더 더현대서울점

總店位於街路樹街的選物店,商品包含服裝、雜貨、進口糖果等等。
→P.59

原創商品也很受歡迎

Ⓐ STRIPE SKATE SOCKS(BLUE)₩9000
Ⓑ HGD CAMTRAY(WHITE)₩2萬6000
Ⓒ RUBBER GLOVES VER.2 ₩9000。

下午1點開賣OLD FERRY DONUT(P.89)的甜甜圈。

Camel coffee
THE HYUNDAI SEOUL
카멜커피 더현대서울

地下1樓還有狎鷗亭知名咖啡廳的分店,一定要喝喝看這間店限定的汝矣島咖啡。
☎02-3277-0758
ⓞ camel__cafe

汝矣島咖啡₩6000

除了美食廣場,還有許多熱門餐廳,例如夢炭(P.135)和金豬食堂(P.115)聯手推出的BBQ餐廳「Sooty」。

高級食品超齊全

地下1樓的高級超市 Ⓐ 韓國產麻油₩2萬3000、環保麻油一瓶₩1萬6000 Ⓑ 螃蟹海鮮湯包₩8800。

今天，我想來點……

早餐篇

아침편

早餐

IN THE Morning (08:00-11:00)

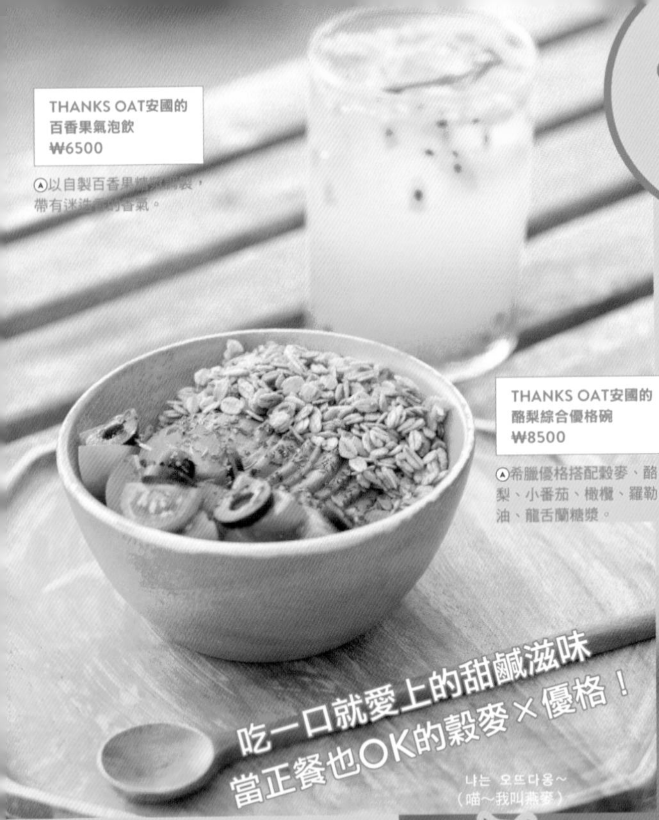

THANKS OAT安國的
百香果氣泡飲
₩6500

Ⓐ以自製百香果糖漿調製，帶有迷迭香的香氣。

THANKS OAT安國的
酪梨綜合優格碗
₩8500

Ⓐ希臘優格搭配穀麥、酪梨、小番茄、橄欖、羅勒油、龍舌蘭糖漿。

穀麥和燕麥都是店家親手製作

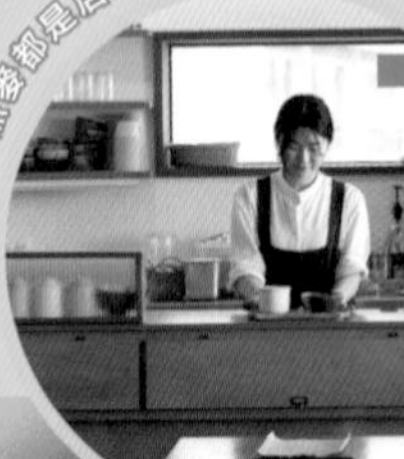

吃一口就愛上的甜鹹滋味 當正餐也OK的穀麥×優格！

나는 오뜨다옹~
（喵～我叫燕麥）

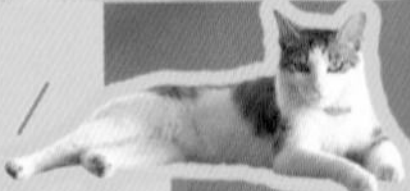

＼ 咖啡廳的悠閒時光 ／

希臘優格

그릭요거트

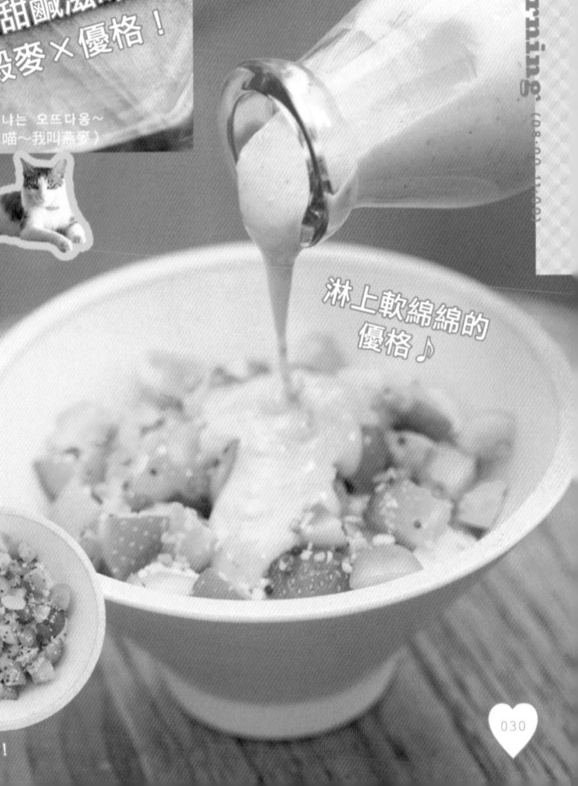

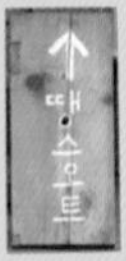

店面在2樓喔

THANKS OAT安國的
綜合莓果優格碗
₩8900

Ⓐ水果與燕麥碎片淋上莓果口味的軟質希臘優格。

淋上軟綿綿的優格♪

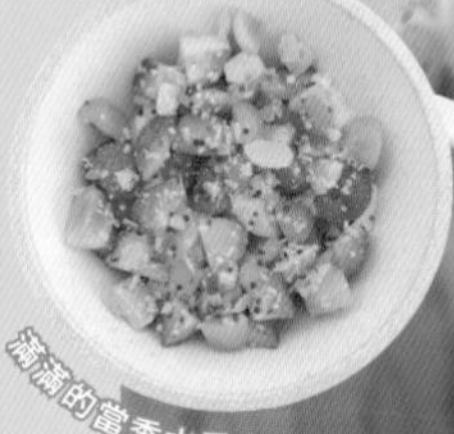

滿滿的當季水果！

Ⓐ THANKS OAT安國

땡스오트 안국

MAP P.177 B-1 ☎0507-1392-0891 鍾路區北村路21-10 2F ⊙10:00～19:00 無休 地下鐵3號線安國站1號出口步行5分鐘〔安國〕

◎ thanksoat

오늘 뭐 먹지?

\ 趕快吃完趕快玩 /

吐司 & 粥 & 海苔飯捲

토스트 & 죽 & 김밥

超飯香濃的鮑魚粥！

韓香料松露香氣的香韓滋味

含有珠珠的溫稠易頭滋補身心！

簡單直接的美味！

**本粥 明洞店的
鮑魚粥**
₩1萬3500

Ⓑ 鮑魚粥也是疲憊時
進補用的養身餐。

**本粥 明洞店的
松露鮑魚粥**
₩1萬7000

Ⓑ 全國連鎖的粥專賣店，
可以吃到豪華的松露風味
粥！

還有融化的起司♡

**Issac吐司明洞聖堂店的
培根Best吐司**
₩3900

Ⓒ 韓式熱三明治，甜甜
鹹鹹令人食指大動！

**本粥 明洞店的
牛肉蔬菜粥**
₩1萬1500

Ⓑ 含牛絞肉與洋蔥、韓國夏南瓜等6種蔬菜。

推薦給想吃點重口味的朋友

**Issac吐司明洞聖堂店的
韓式烤牛吐司**
₩4300

Ⓒ 肉排淋上韓式烤牛風味
醬，是款有一定份量的三
明治。

**Issac吐司明洞聖堂店的
特製火腿吐司**
₩3500

Ⓒ 不知道吃什麼的話，吃
這個就對了。餡料有火
腿、起司、煎蛋以及滿滿
的高麗菜絲。

**Hanipsoban的
奶油乳酪飯捲**
₩5500

Ⓓ 人氣海苔飯捲專賣店。
奶油乳酪配飯其實意外地
好吃！

接單後當場
製作！

起司濃郁的口感發揮很棒的效果

Ⓑ **本粥** 明洞店
본죽 명동점
MAP P.175 C-4 ☎02-755-3562
🏠中區明洞8Ga街6 2F ⏰9:00～
22:00 🚫無休 🚇地下鐵4號線明
洞站6號出口步行1分鐘〔明洞〕

Ⓒ **Issac吐司**
明洞聖堂店
이삭토스트 명동성당점
MAP P.177 B-5 ☎0507-1389-
2061 🏠中區明洞10街17-1 ⏰
8:00～20:00 🚫無休 🚇地下鐵4
號線明洞洞站8號出口步行3分鐘
〔明洞〕📷 issac.toast.mdong.
cathedral

Ⓓ **Hanipsoban**
한입소반
→P.21

今天，我想來點……
早餐篇

適合早餐來一碗的
清爽人參雞湯

長安參雞湯的
人參雞湯
₩1萬8000

ⓗ 1971年創業，選用出生
後不超過40天的年輕公
雞熬煮雞湯，肉質○彈。

\ 喚醒你的身體！ /

暖呼呼的熱湯

따뜻한 국물요리

濃縮了滿滿的
鰈魚鮮味！

清潭海帶芽湯 狎鷗亭店的
海帶芽湯
₩1萬2000

ⓖ 這是一間海帶芽湯連鎖店，以放入大大塊鰈魚的海帶芽湯
聞名。

點湯加套餐
配肉和血腸！

青瓦屋 乙支路3街直營店的
扁柏定食
₩1萬4000

ⓡ 可以品嘗到煮成湯
和用蒸籠蒸的血腸
（豬血腸）。

血腸好大一塊！

青瓦屋 乙支路3街直營店的
青瓦屋血腸湯
₩9000

ⓡ 湯頭加了8種韓國
藥材，血腸的味道不
會太重。

032

오늘 뭐 먹지?

吃什麼？

濃郁但溫和的滋味

豚壽百 弘大直營店的
豬肉湯飯
₩8500

Ⓗ 豬肉湯飯原本是釜山名產，這裡則調整成首爾風味，而且加了滿滿豬肉。還可以添加鹽漬小蝦調整風味。

根據喜好調整口味

清爽的微辣湯頭！

自己調整喜歡的味道

Ⓘ 最道地的豆芽湯，總店位於全州。豆芽口感鮮脆，鹹湯帶點辣味。

三百家 街路樹街
直營店的
黃豆芽湯
₩8500

武橋洞乾明太魚湯家的
明太魚醒酒湯
₩9500

Ⓚ 以牛骨熬製高湯，加入明太魚乾（狹鱈）、雞蛋、豆腐，滋味溫和。富含維生素，還能滋潤皮膚。

里門雪濃湯的
雪濃湯（普通）
₩1萬3000

Ⓙ 創業逾百年的老店。以韓國產牛肉熬製的湯頭風味純淨且清爽。吃的時候再自行添加鹽和胡椒調味。

不只好吃，還能養顏美容！？

Ⓔ **長安參雞湯**
장안삼계탕
MAP P.177 A-5 ☎0507-1302-5834 ㈜中區世宗大路18街8 ⊙9:00～21:00（LO20:30）🚫無休 ♀地下鐵1・2號線市廳站7號出口步行1分鐘〔市廳〕

Ⓕ **青瓦屋**
乙支路3街直營店
청와옥 을지로3가직영점
MAP P.177 C-4 ☎0507-1448-1309 ㈜中區乙支路110 1F ⊙8:00～22:00（LO21:30）🚫地下鐵2・3號線乙支路3街站11號出口步行1分鐘〔乙支路〕

Ⓖ **清潭海帶芽湯**
狎鷗亭店
청담미역 압구정점
MAP P.185 B-1 ☎02-518-6800 ㈜江南區狎鷗亭路20街15⊙9:10～20:30（LO20:00）🚫無休 ♀地下鐵3號線狎鷗亭站4號出口步行4分鐘〔狎鷗亭〕

Ⓗ **豚壽百 弘大直營店**
돈수백 홍대직영점
MAP P.178 D-3 ☎02-324-3131 ㈜麻浦區弘益路6街74 ⊙24小時 🚫週日21:00～週一9:00 ♀機場快線／地下鐵2號線弘大入口站8號出口步行1分鐘〔弘大〕

Ⓘ **三百家**
街路樹街直營店
삼백집 가로수길직영점
MAP P.185 B-2 ☎02-6229-3100 ㈜江南區島山大路17街6 ⊙10:00～14:30、17:30～21:00（LO20:30）🚫無休 ♀地下鐵3號線新沙站8號出口步行8分鐘〔街路樹街〕

Ⓙ **里門雪濃湯**
이문설농탕
MAP P.177 B-3 ☎02-733-6526 ㈜鐘路區郵征局路38-13 ⊙8:00～15:00（LO14:30）、16:30～21:00（LO20:30）週日～20:00（LO19:30）🚫無休 ♀地下鐵1號線鐘閣站3-1號出口步行4分鐘〔鐘閣〕

Ⓚ **武橋洞乾明太魚湯家**
무교동북어국집
MAP P.177 A-4 ☎02-777-3891 ㈜中區乙支路138⊙7:00～20:00（LO19:30）、週六・日7:00～15:00（LO14:30）🚫5月1日、8月1～10日 ♀地下鐵2號線乙支路站1-1號出口步行5分鐘〔乙支路入口〕

033

MORNING TIPS

慢慢轉動起來的首爾早晨，可以到古宮散步，或做個SPA放鬆一下。

©CassioKendi/Shutterstock.com

古宮散步

고궁 산책

利用早上的時間逛逛古宮！
如果租借韓服還能免費入場

首爾擁有5座古宮，其中4座只要穿韓服就能免費入場，而景福宮周邊還有特別多租借韓服的商家，擁有艷麗粉色的勤政門、迴廊、光化門（正門）、緊貼著整排鋪銀杏樹的外牆，怎麼拍都好看。世界遺產德壽宮的外牆和石牆小徑美不勝收，也是出了名的韓劇拍攝場景，散步的時光，也能回想那些名劇。

昌慶宮
창경궁

[MAP] P.176 D-1 ☎02-762-4868 🏠鐘路區昌慶宮路185 ◷9:00～21:00（最後入場20:00）🔒週一 ♥地下鐵3號線安國站3號出口步行20分鐘〔安國〕

德壽宮
덕수궁

[MAP] P.177 A-4 ☎02-771-9951 🏠中區世宗大路99 ◷9:00～21:00（最後入場20:00）🔒週一 ♥地下鐵1、2號線市廳站1、2號出口步行1分鐘〔市廳〕

昌德宮
창덕궁

[MAP] P.177 C-1 ☎02-3668-2300 🏠鐘路區栗谷路99 ◷2～5月、9～10月9:00～18:00、6～8月18:30、11～1月～17:30 ※最後入場：閉園前1小時 🔒週一 ♥地下鐵3號線安國站3號出口步行5分鐘〔安國〕

景福宮
경복궁

[MAP] P.175 B-1 ☎02-738-9171 🏠鐘路區社稷路161 ◷3～5月、9～10月9:00～18:00、6～8月18:30、11～2月～17:00 ※最後入場：閉園前1小時 🔒週二 ♥地下鐵3號線景福宮站5號出口步行1分鐘〔景福宮〕

屋頂大廳

SULWHASOO
DOSAN FLAGSHIP STORE
설화수 도산 플래그십 스토어

[MAP] P.185 C-2 ☎02-541-9272 🏠江南區島山大路45街18 ◷商店10:00～19:00、SPA～20:00 🔒每月第1個週一 ♥水仁．盆唐線狎鷗亭羅德奧站5號出口步行10分鐘〔狎鷗亭〕 [URL] https://www.sulwhasoo.com/kr/ko/index.html ※需預約

美容SPA

스파

在頂級奢華SPA
好好放鬆身心♡

雪花秀是亞洲美學著華護膚品牌，狎鷗亭旗艦店共有5層樓，整棟皆為商店，而在地下1樓設有高級的「頂級韓方抗齡水療SPA」，4樓則有「當代韓方平衡SPA」，窗外面對著一片生機盎然的公園，環境明亮。地下1樓提供臉部、背部抗齡護膚療程「INTENSIVE GINSENG JOURNEY」（100分鐘）₩35萬。

관광정보센터
遊客中心

遊客中心買得到 地鐵周邊小物

隨時提供中英日語服務的遊客中心，有許多韓國特色商品，而這間遊客中心內更有許多韓風特色商品、禮品的熱門商品是地鐵站牌造型鑰匙圈。一個₩5000，買個自己喜歡的城市或有特殊回憶的車站當式樣，外還有同樣款式的磁鐵。和各個觀光地的主題商品。

人氣伴手禮

明洞遊客中心
명동관광정보센터

MAP P.177 B-5 ☎02-778-0333 ⭐中區乙支路66 ⏰9:00～18:00 🏠無休 🚇地下鐵2號線乙支路入口站5號出口步行3分鐘（明洞）

찜질방
汗蒸幕

宛如咖啡廳的舒適環境 在都會汗蒸幕來場晨浴

不知道首爾早上可以做什麼？汗蒸幕可以解決這個問題。Club K首爾宣陵汗蒸幕桑拿房無論地點、衛生、安全、設備完善度都具備3顆星的水準，還提供豐富的飲料和糕點，氣氛好像咖啡廳一樣輕鬆。

Club K首爾 宣陵汗蒸幕桑拿房
클럽케이서울 선릉찜질방사우나

MAP P.184 D-4 ☎0507-1488-1149 ⭐江南區宣陵路524 117號 ⏰24小時 🏠無固定公休日 🚇地下鐵2號線／水仁・盆唐線宣陵站8號出口步行2分鐘（宣陵）

한지
韓紙

透過免費體驗活動 了解韓國傳統紙張

北村地區新開了一座推廣韓紙魅力的複合式文化空間，地下1樓的韓紙研究室會舉辦韓紙書籍DIY等免費體驗活動。此外也有販售原創韓紙產品，例如適合員來送禮的留言小卡，一張₩4500。

韓紙文化產業中心
한지문화산업센터

MAP P.174 D-1 ☎02-741-6600 ⭐鍾路區北村路31-9 ⏰10:00～19:00 🏠週一 🚇地下鐵3號線安國站2號出口步行10分鐘（北村） @hanjicenter

---

커스텀
客製化商品

店家開門前 就大排長龍

在某些運動品牌店，例如NIKE，會提供韓文字體的客製化商品。這項服務吸引了許多遊客，總是大排長龍，因此建議各位行前確認好最新資訊後再趁開店前早早前往！

WOWPASS

現在不用換錢了!? 遊客專用預付卡

WOWPASS是與手機APP連動的外國遊客專用預付卡服務，可以在地鐵站或飯店內的自動換匯機，進行換錢與加值，且能透過APP確認餘額。除此之外，還可以充當交通卡（T-money）使用，在OLIVE YOUNG等部分品牌消費時還可以獲得現金回饋。在韓國，無論餐廳還是便利商店都會用到卡片支付，因此建議準備一張比較方便。

要當作T-money使用的時候，需透過其他方式加值韓元。詳細的使用方法請見官方網站或是官方Instagram帳號 @wowpass_twhk URL https://www.wowpass.io

結合義式餐廳、咖啡廳和雜貨店的「TASTE AND TASTE 聖水旗艦店」（P.58）。

ICE CREAM

UICE

SEOUL THE BEST TIME

IN THE

Midday

11:00 - 14:00

首爾的午餐選擇五花八門，有滿足視覺與味覺的複合式咖啡廳、醬油蟹，還有韓國才吃得到的清澈湯飯與正宗冷麵。填飽肚子後，就可以開始掃貨了。

要記得沾巧克力喔

11:00

吉拿棒、派，還有糕點！
超可愛的
3間糕點咖啡廳

好吃又可愛到了極點

難怪大家搶著排隊

韓國人特別喜歡搶著排貝果（P.14）、甜甜圈（P.88）、吉拿棒、派等糕點的咖啡廳。以下特別挑選三間味道一流、環境也很迷人的店家。

#1

炸好上桌沾醬吃！
吉拿棒

在甜甜圈、貝果之後，韓國現在流行起吉拿棒了，而且要沾巧克力吃才是時下最受歡迎的吃法。至於這波熱潮的最大推手，就是狎鷗亭的咖啡廳Minute Papillon。這間店自2022年12月開業以來，排隊人潮從來沒少過。

Minute Papillon
미뉴트 빠삐용

MAP P.185 C-1 ☎070-8888-0288 🏠江南區島山大路51街37 B1 ⏰10:00～22:00（LO21:30）🔒無休・盆唐線狎鷗亭羅德奧站5號出口步行4分鐘〔狎鷗亭〕⊙ minute.papillon.official

Ⓐ濃縮咖啡上漂浮著巧克力奶油的Choco Amaretto ₩7000 Ⓑ沾醬也超好吃。White Cream、Peanut Chocolate Banana一份₩1800 ⒸDeep Chocolate & Churros（6支）₩8000 Ⓓ～Ⓔ店面設計風格是仿造歐洲的劇場。

☆☆☆ Minute Pappilon是打造出甜甜圈咖啡廳Knotted World（P.89）的餐飲企業GFFG，與知名咖啡廳Camel（P.29）聯手創立的品牌。

038

#2

彌漫英倫風情的名店
英式糕點＆司康

以歐洲房舍為概念設計的三層樓咖啡館。可以在一樓夾取自己喜歡的蛋糕和司康，再到吧檯點飲料。

Cafe Layered 延南店

카페 레이어드 연남점

MAP P.178 D-2 ☎不公開 ♠麻浦區城美山路161-4 ◷10:00～23:00 🔒無休 🚇機場快線／地下鐵2號線弘大入口站3號出口步行13分鐘〔延南洞〕Ⓞ cafe_layered

Ⓐ二樓內用位置 Ⓑ醒目的紅磚牆。THE HYUNDAI SEOUL（P.28）和安國站也有分店 Ⓒ招牌菜單為司康₩4800起、維多利亞蛋糕₩8000。

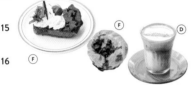

Ⓐ Classic Meat Pie ₩8500、Spinach Goat Quiche ₩7000、甜菜葡萄柚汁₩7500 Ⓑ擺在店裡的派都可以自行夾取，至於櫥櫃裡的甜點則是要請店員幫忙拿 Ⓒ還有露天的座位 Ⓓ花生奶油拿鐵₩6000 Ⓔ Pulled Pork Pie ₩8500 Ⓕ Black Forest ₩9500。

#3

現烤鹹派
當午餐吃也恰恰好！

提供手工甜派、鹹派、酥餅的複合式咖啡廳。所有商品都是店內廚房現作，店裡總是飄著奶油香。

GINGER BEAR PIE SHOP

진저 베어

MAP P.172 F-4 ☎不公開 ♠松坡區百古境路41街43-7 ◷12:00～21:00 🔒無休 🚇地下鐵8、9號線石村站1號出口步行7分鐘〔松坡〕Ⓞ ginger.bear_pie

這間店12點開門！

老舊小巷中憑空冒出的 現代感藝術景點

No 01

GROUNDSEESAW
西村
그라운드시소 서촌

獨特的主題展 屢屢掀起話題！

GROUNDSEESAW經常策辦洞悉時下潮流的獨特展覽，每次展覽都大受歡迎。聖水和明洞也有展間，而且展覽內容都不一樣，一定要事先查查資料。

MAP P.175 B-1 ☎070-4473-9746
🏠鍾路區紫霞門路6街18-8 ⏰10:00～19:00 ❌每月第1個週一 🚇地下鐵3號線景福宮站3號出口步行3分鐘〔西村〕
📷 groundseesaw

過往展覽The Anonymous Project的商品 Ⓐ幻燈片夾一個₩4000 Ⓑ耳機盒₩1萬2000 Ⓒ手機殼₩1萬8000 Ⓓ卡片組₩1萬7000。

Best time!
11:00

靜心藝術美學空間
療癒身心的
藝廊&美術館

走進連建築物與空間本身就很優美的藝廊和美術館，好好吸收一下藝術氣息。很多設施也開放拍照喔！

⭐⭐⭐ 展覽內容每年會更換2～3次，出國前記得先上Instagram或官方網站確認展覽資訊！

■1970年代的製藥公司翻新成文藝空間。從會賢站出來後要一路爬上坡，請做好心理準備 ■屋頂視野開闊，可以眺望首爾塔與首爾市風光 ■咖啡廳的水晶吊燈閃閃發光。

隱身綠蔭
鬧中取靜的空間

No 02
piknic
피크닉

從地下室到屋頂
無不充滿樂趣！

一座結合了咖啡廳與商店的綜合文藝空間，還會配合展覽企畫的內容完全改變空間布置。

(MAP) P.175 B-4 ☎02-6245-6371 ♠中區退溪路6Ga街30 ◯11:00～19:00 🔒週一 ♥地下鐵4號線會賢站3號出口步行4分鐘〔南大門〕 ◎ piknic.kr

■■換展期間依然可以逛內部商店「WHITE LABEL」，這裡既是一家商店，也是一座類展間，會展出新興年輕藝術家的作品 ■場館直接連通車站，交通便利。

可以體驗到現代藝術的
趣味布置小巧思

No 03
D MUSEUM
디뮤지엄

選址熱門地區
重新開幕！

MUSEUM很早就開始策辦「吸引人拍照的展覽」。2021年遷至聖水區後，更是直接升級成一座適合全年齡的空間。

(MAP) P.183 B-2 ☎02-6233-7200 ♠城東區往十里路83-21 ◯11:00～18:00 🔒週一 ♥水仁・盆唐線首爾林站4號出口直達〔首爾林〕 ◎ daelimmuseum

雞月
게월

一碗清澈如月光的湯

店家先用雞肉和雞骨熬湯2天，再加入蔬菜高湯，使滋味更豐富。脆口的青菜和鬆軟的肉相輔相成。

MAP P.183 C-4 ☎0507-1362-0327 🏠城東區聖亭3街8 1F 右邊 ⏰11:00~15:00（LO14:30）、17:00~21:00（LO20:30）🔒無休 📍水仁・盆唐線首爾林站2號出口步行9分鐘〔聖水〕
@ kyewol_seoul

雞
燉雞湯
닭

仔細去除油脂
滋味溫和的
燉雞湯

1 燉雞湯₩1萬。僅中午營業，有提供小份量的副餐。**2** 包含雞胸肉、芹菜等蔬菜，又甜又酸又辣的辣拌雞絲（小）₩8000 **3** 加壓烹調的白斬雞（小）₩8000。

Best time!
11:00

燉湯、湯飯牛排骨湯……！
湯頭清澈的韓式早午餐

豬
豬肉湯飯
돼지

知名廚師
親自監製！
水冷麵也必吃

絕對能大大滿足空空的肚子與心靈

拿起湯匙，舀一口費工的燉湯、湯飯、牛排骨湯，溫和的滋味逐漸滲透五臟六腑，讓人頓時湧現自己真的置身韓國的感觸。這些餐點基本上都是一人份，而且現在也有愈來愈多只有吧台座位的專賣店，對獨自旅行的人來說也很友善。

光化門湯飯
광화문국밥

名廚朴贊日經營的餐廳

只用韓國黑豬的紅肉部分熬製湯頭，滋味清爽，卻又飽滿層次，讓人一口接一口，欲罷不能。

MAP P.177 A-4 ☎02-738-5688 🏠中區世宗大路21街53 ⏰11:00~14:30、17:30~21:40（冷麵LO20:30）、週六與國定假日12:00~14:30、17:00~21:00（LO20:00）🔒週日 📍地下鐵5號線光化門站6號出口步行2分鐘〔光化門〕

1 豬肉湯飯₩9500。可以自行添加鹽漬小蝦調味。為維持湯頭味道，飯會用另外一個碗裝。湯裡的豬肉軟得不可思議！**2** 平壤冷麵（湯）₩1萬4000 **3** 店內有許多吧台座位，獨自上門也沒有壓力。

**震撼視覺的
整塊排骨！
全新型態的美食**

1 牛排骨湯加辣₩1萬6000 **2** 只有U型吧檯座位的小巧店鋪，供應傳統酒和下酒菜 **3** 大塊帶骨肉和蛋絲都很吸睛的牛排骨湯₩1萬5000。

牛
牛排骨湯

牛湯
우탕

소

搭配韓國名牌米：新東津米

曾在大企業擔任廚師的老闆，於2022年6月開了這間自己的店。費時14小時熬煮的牛排骨湯味道甘甜，排骨肉質軟嫩。

(MAP) P.179 C-2 ☎070-8648-0363 ⌂麻浦區城美山路17街115 ⊙11:30～15:00、17:00～21:00（LO20:30）🔒週二 ♀京義中央線加佐站1號出口步行5分鐘〔延南洞〕 ⓘ wootang.official

屋同食
옥동식

米其林必比登常客

僅取智異山名牌黑豬「盤克夏K」的肉熬煮出清澈的高湯，滋味深厚令人難以相信只有加鹽調味。

(MAP) P.179 B-4 ☎010-5571-9915 ⌂麻浦區楊花路7街44-10 ⊙11:00～15:00（LO14:30）、17:00～22:00（LO21:30）🔒無休 ♀地下鐵2、6號線合井站2號出口步行4分鐘〔合井〕 ⓘ okdongsik

1 主菜僅有燉豬湯₩1萬。飯會直接加在湯裡。隨餐附上的辣椒醬不是用來加進湯裡，而是配肉吃 **2** 店內只有吧台座位。

豬
燉豬湯

돼지

紐約也有分店！
一定要排隊的
國際名店

傳統民房依傍北漢山
壯闊全景震撼人心！

首爾北郊的恩平有一座名為「恩平韓屋村」的住宅區，是為保存傳統房屋而設立的特區，這裡連便利商店和連鎖咖啡廳都是韓屋的樣式。美麗景致宛如古裝劇的布景。週末有許多人會從市中心驅車前來，而這裡從算不上方便，但這種遺世獨立的感覺相當特別。無論春夏秋冬何時造訪，窗外的美景都能滋潤你我心靈。

其中特別受歡迎的商家，是位於韓屋村入口的「1人1膳」。這間店有五層樓，每層樓的大窗戶外都能看見櫛比鱗次的韓屋與宏偉的北漢山。雖然韓屋村距離首爾市中心車程約40分鐘，交通年前開始也有愈來愈多氣氛不錯的商家。

Best time!
11:30

開車40分鐘也值得！

恩平韓屋村 的
美景咖啡廳

1人1膳
1인1상

延離首爾站
約40分

現代裝潢呼應優美器皿

這家餐廳以李氏朝鮮時代興起的小盤（膳，一種矮桌）提供現代料理。小盤是由專業工匠Young Byung Young手工製作，器皿和筷子也是韓國知名藝術家的作品。店長Bae Yoon Mok表示，店名「1人1膳」意味著「我們用高貴的膳與器皿供應料理，表現對每一位客人的珍重和款待之心」。位於1～3樓的咖啡廳「1人1杯」也可以品嘗擺在小盤上的咖啡以及甜點。

MAP P.173 A-1 ☎02-357-1111 ♠恩平區延西路534 ◐1～3、6樓咖啡廳1人1杯10:00～21:00（LO20:30）、4、5樓早午餐店1人1膳11:00～20:00（LO19:00）♠週一（若遇國定假日照常營業，延至隔日休）♥地下鐵3、9號線延新川站搭計程車12分鐘〔恩平〕※欲坐屋頂露台，需先於1樓點餐、拿到餐點後再入座。若在5樓點餐並享用飲料和甜點套餐，則會由工作人員將餐點送到座位。

1 1人1膳不只提供餐點，還有附傳統糕點、蛋糕等點心和飲料的套餐，例如葡萄柚汽泡飲與點心套餐₩1萬3500（照片僅供參考）**2** 提供義大利麵等西餐和飲料的套餐₩2萬8000起（照片僅供參考）**3 5** 別館5樓的戶外空間擁有全景視野 **4** 韓屋村的背後就是北漢山。

Best time! 12:00

位於古宮西邊的在地小鎮

午後悠閒 漫步西村

群山環抱 歷久彌新的小鎮

西村位於朝鮮時代的皇宮「景福宮」西側，巷弄裡處處藏著小小的咖啡廳、商店和餐館，走得愈久，驚喜愈多。由於青瓦台（前總統府，現在功能已遷至龍山）就在這附近，所以這裡沒有經歷過大規模的開發，依然保有獨特的古樸街景，整體氛圍相當閒適，適合散步。

到處都有雜貨店

起點在這裡！

B MAKEFOLIO
메이크폴리오

經銷韓國好物與年輕藝術家器皿

這間選物店是由精緻旅館品牌STAYFOLIO打造。韓國美學香氛品牌CHI的擴香器₩3萬2000。

MAP P.175 B-1 ☎070-5158-9013 🏠鍾路區紫霞門路9街17 ⏰12:00~18:00、週五~日11:00~19:00 📅週一、二 📍地下鐵3號線景福宮站2號出口步行7分鐘
📷makefolio_official

A OUVERT SEOUL
오버트서울

印刷廠翻修的建築也很迷人

這間烘豆品牌兼咖啡館在首爾有四家分店。奶油卡布奇諾₩7000，淋上滿滿鮮奶油、附上一大球冰淇淋的可頌₩8500。

MAP P.175 B-2 ☎0507-1332-8987 🏠鍾路區弼雲大路3 ⏰8:00~22:00、週一~日10:00~22:00 📅無休 📍地下鐵3號線景福宮站1號出口步行5分鐘
📷ouvert_seoul

⭐⭐⭐ 在西村散步時，推薦順道參觀以油炒年糕聞名的通仁市場（MAP P.175 B-1）。

安德
안덕

**傳承平壤祖母味道的
以北（北朝鮮）餐館**

店名取自老闆祖母的名字。
味道清淡的餃子湯₩1萬
4000、炸青辣椒鑲肉₩
1萬7000。
→P.63

永和樓
영화루

**青瓦台人士也鍾情
三代老字號中餐廳**

這間餐廳創業至今已逾半世
紀，據說許多常客都是在青瓦
台上班的人。特色菜有加了青
辣椒的辣椒乾炸醬麵₩1萬
1000、三鮮炒碼麵₩1萬
2000。
→P.62

景觀
也超棒！

⒟ tea cafe NEST
네스트

在明亮的空間品茶靜心

這間裝潢時尚的咖啡廳，提供各
種韓國茶，例如紅豆南瓜調和茶
₩5500。店裡也有商品區。

MAP P.175 B-1 ☎010-6537-6550 ⌖鍾路
區紫霞門路21 5F ⏰11:00～22:00（早午餐
LO17:00、LO21:30） 🔒無休 📍地下鐵3號
線景福宮站1號出口步行5分鐘 ◎ nest.seoul

⒞ Ofr. Séoul
오에프알 서울

人人愛的原創環保袋

這是巴黎藝術書店的分店，內有
豐富雜貨，如色彩繽紛的原創環
保袋₩2萬9000。2樓是選物店
「mira belle」。

MAP P.175 B-1 ☎不公開 ⌖鍾路區紫霞門
路12街11-14 ⏰11:00～20:00 🔒週一 📍地
下鐵3號線景福宮站3號出口步行7分鐘
◎ ofrseoul

燉湯&人參雞湯 在這裡!

韓國料理都有3大名店或5大名店。
愛的首爾3大○○!

人參雞湯
삼계탕

將高麗人參、糯米、紅棗、蒜頭塞進全雞熬成的雞湯。

最愛 POINT
超少見！
濃郁的黑芝麻
人參雞湯

最愛 POINT
口感醇厚
帶著荏胡麻
香氣的湯♥

前：荏胡麻人參雞湯₩1萬6000、後：黑芝麻人參雞湯₩1萬6000。雞肉燉煮了2小時以上，肉質軟爛無比。

葡萄園參雞湯 大學路店
포도원삼계탕 대학로점

獨一無二的雙色雞湯!

提供荏胡麻與黑芝麻2種湯頭的人參雞湯。穀物風味的湯頭口感醇厚，香氣撲鼻！

(MAP)P.174 D-1 ☎02-743-6541 🏠鍾路區昌慶宮路26街41-5 ⏰11:00～21:00（LO20:30）🔒無休 🚇地下鐵4號線惠化站3號出口步行4分鐘〔大學路〕

土俗村
토속촌

**1983年創業的名店
門口總是大排長龍！**

人參雞湯₩2萬，雞肉鬆軟、湯頭濃郁。另有人參烏骨雞湯₩2萬5000。

(MAP)P.175 B-2 ☎02-737-7444 🏠鍾路區紫霞門路5街5 ⏰10:00～22:00（LO21:00）🔒無休 📍地下鐵3號線景福宮站2號出口步行2分鐘〔西村〕

1983年創業，家喻戶曉的名店

高峰參雞湯 明洞店
고봉삼계탕 명동점

**濃縮了韓國藥材
與雞隻精華**

使用天然礦泉水與桑黃熬煮的藥水桑黃人參雞湯₩1萬9000。黃金湯頭帶著點稠度，好喝！

(MAP)P.177 B-5 ☎02-756-2300 🏠中區明洞7街21 2F ⏰10:00～21:00 🔒無休 📍地下鐵2號線乙支路入口站6號出口步行3分鐘〔明洞〕

滋味飽滿的湯頭浸潤五臟六腑

⭐ ⭐ ⭐ 吃人參雞湯時，可以自行加鹽和胡椒調味。雞肉可以撕成小塊後用小盤子裝，沾鹽巴吃。

♡ 048

通道橋食堂 總店
굴다리식당 본점

1970年代至今人氣屹立不搖的名店

用牛骨湯燉煮自製的熟成辛奇、豬前腿，並以鋁製餐具供應。雖然味道較為清淡，不過肉很大一塊，飽足感十足。

MAP P.173 B-3 ☎02-712-0066 🏠麻浦區新倉路8-1 🕐8:00～22:00（LO21:30）🔒無休 📍機場快線／地下鐵5、6號線孔德站8、9號出口步行3分鐘〔孔德〕

Best time!
12:00

實測！超私心推薦首爾3大○○

最推薦的辛奇

鍋物、雞湯、豬腳、冷麵，每種以下（擅自）宣布我們自己超偏

辛奇鍋
김치찌개

熟成辛奇和豬肉、豆腐煮成火鍋，每家自製的辛奇造就獨門滋味！

最要
POINT
鬆軟款款、滋味溫和的最佳良伴！

最愛
POINT
酸味與鮮味的絕妙平衡!!

由前至後分別是辛奇鍋₩9000、煎蛋捲₩1萬、辣炒豬肉₩1萬2000。

銀朱亭
은주정

蒜頭滿滿的重口味

特色是要用蔬菜包起豬肉、辛奇一起吃。辛奇鍋1人份₩1萬1000。必點的是下午5點以後的烤豬五花（附泡菜鍋），1人份₩1萬6000。

MAP P.176 E-4 ☎02-2265-4669 🏠中區昌慶宮路8街32 1～2F 🕐11:30～22:00（LO21:00）🔒週日 📍地下鐵2、5號線乙支路5街出口步行3分鐘〔乙支路〕
※辛奇鍋、烤豬五花最少要點2人份

蔬菜裹著大塊肉

醬缸台泡菜湯 清潭店
장독대 김치찌개 청담점

24小時營業
獨自上門也沒問題

湯的酸味恰到好處，很開胃。辛奇鍋₩9000。還可以加價₩1000加點一份拉麵！

很多藝人也愛吃！

MAP P.184 E-1 ☎02-543-7754 🏠江南區島山大路102街5 🕐24小時 🔒無休 📍地下鐵7號線清潭站13號出口步行9分鐘〔清潭〕

乙密台的冷麵麵條是用70%蕎麥粉配30%蕃薯粉製作，而且是現點現做，做好後馬上投入大鍋燙熱。這裡的麵條直接咬就咬得斷，不必拿剪刀剪，還可以根據個人口味添加黃芥末。口感酥脆的綠豆煎餅則是平壤冷麵店的經典副餐。

水冷麵
₩1萬5000

冷麵的配菜
白蘿蔔片

綠豆煎餅
₩1萬2000

煎餅的配菜
白菜辛奇

平壤冷麵至少要吃過2次才能吃懂箇中美味！

韓國冷麵分成以蕎麥粉為主的平壤冷麵，和以馬鈴薯或蕃薯澱粉為主的咸興冷麵，兩者各有千秋，但我們想推薦的是平壤冷麵！坦白說，我們第一次吃的時候還覺得「好像沒什麼味道」，因為麵湯並沒有做任何多餘的調味，為的是充分保留高湯風味，這對我被刺激性口味慣壞的味蕾來說實在溫和過頭了。不過吃習慣後，就能感受到深藏其中的美味。如今我已經迷戀上平壤冷麵，甚至貫徹「去一次韓國，吃一碗平壤冷麵」的原則。

乙密台
을밀대

想吃平壤冷麵，來這裡就對了！

1971年開業，湯頭是先以牛肉、牛骨、青蔥等蔬菜熬煮10小時，再經過急速冷凍、熟成。吃的過程，刨成片的冷凍湯頭會逐漸融化，第一口和最後一口可以享受到不同的風味。

MAP P.178 F-5 ☎02-717-1922
🏠麻浦區嶗文街24 ⏰11:00～22:00（LO21:40）🈚無休 📍地下鐵6號線大興站2號出口步行8分鐘〔大興〕

⭐⭐⭐ 有湯的水冷麵簡稱물냉（Mul Naeng），辣拌冷麵則簡稱비냉（Bi Naeng）。

所謂名牛壤冷麵（水冷麵）₩1萬3000

綠豆煎餅 ₩1萬2000

綠豆煎餅記得沾醬吃

辛辣的平壤冷麵（辣拌冷麵）₩1萬3000

正仁麵屋 總店
정인면옥 본점

清澈的100%牛高湯

1972年開業。澄澈如水的湯頭濃縮了牛隻的美味，以75%蕎麥粉製作的麵條帶有清香，令人欲罷不能。記得也點份蒸餃₩1萬2000。

(MAP)P.173 A-3 ☎02-2683-2615 🏠永登浦區國會大路76街10 ◷11:00～15:00、17:00～21:30（LO21:00）、週六、日11:00～15:30、17:00～21:00（LO20:30）🔒無休 📍地下鐵9號線國會議事堂站1號出口步行8分鐘〔汝矣島〕

100%蕎麥粉的高級平壤冷麵₩1萬5000

韓牛高湯罐頭 ₩4000

狎鷗亭麵屋
압구정면옥

2019年開業的新秀，呈現手法別出心裁

麵條可選擇以70%蕎麥粉、30%蕃薯澱粉的平壤冷麵，或是100%蕎麥粉的高級冷麵。店內以韓牛熬煮湯頭，而且還裝成罐頭販售，真是前所未有的創舉！

(MAP)P.185 C-1 ☎02-516-3016 🏠江南區狎鷗亭路30街16 ◷11:00～21:30（LO20:55）🔒無休 📍地下鐵3號線狎鷗亭站3號出口步行1分鐘〔狎鷗亭〕 📷@apgujeong_myeon_ok

上面名蕎麥煎蛋皮的平壤冷麵₩1萬5000

綾羅島 江南店
능라도 강남점

米其林必比登推薦餐廳

2015年開業的總店位於首爾郊區的板橋。使用牛、豬、昆布和乾香菇熬製湯頭，滋味深厚。除了冷麵，也提供多種平壤料理。

(MAP)P.184 E-3 ☎02-569-8939 🏠江南區三成路534 ◷11:20～21:30（LO20:50）🔒無休 📍地下鐵9號線三成中央站5號出口步行3分鐘〔三成〕

入口即化的花蟹！
當地才吃得到的
奢侈午餐

雖然日本也有許多韓式餐廳，但有道菜一定要實際飛到韓國嘗嘗看，那就是「醬油蟹」。醬油蟹的作法是用醬油醬汁浸漬新鮮花蟹，蟹肉口感軟嫩、味道甘甜，搭配醬黃更是令人難以抗拒！無論直接吸吮，或是配飯做成海苔捲，甚至將飯放入蟹殼中混合蟹膏，都是極致美味，怪不得韓國人會稱醬油蟹為「白飯小偷」。

雖然春季到初夏才是母花蟹的旺季，不過這段時期捕獲的螃蟹通常會冷凍保存，所以專賣店一年四季都能正常供應。以下介紹的三家店不僅提供美味的醬油蟹，連配菜也絕不敷衍了事。雖然以午餐來說價位可能偏高，但滿足感絕對物超所值。

Best time!

12:00

獨享、共享都好吃
就～是要吃
醬油蟹！

花蟹產區名店
也在首爾展店

1 醬油蟹和鍋飯一人份₩4萬7000 2 店面位於一樓 3 將飯盛到碗裡，原鍋加入熱水即可做成鍋巴湯。

店面設計簡約時尚
獨自上門也沒壓力

1 3 醬油蟹套餐₩4萬。價格為時價，每日配菜不同 2 店面有如咖啡廳。

花蟹堂 汝矣島店
화해당 여의도점

鍋飯與螃蟹共舞
花蟹堂的總店位於花蟹名產區泰安，而這間店使用的螃蟹也來自泰安，而且還是挑最美味的時期捕撈的螃蟹！

MAP P.173 A-3 ☎02-785-4422 ⌂永登浦區大路62街15光復會館1F 3號 ⏰11:00～15:00（LO14:00）、17:00～21:00（LO19:30）※售完即打烊 ▢週日、週一 🚇地下鐵9號線國會議事堂站5號出口步行4分鐘［汝矣島］

GEBANG SIKDANG
계방식당

傳統醬油造就溫潤滋味
使用西海岸瑞山和珍島捕獲的頂級母蟹製作醬油蟹，並以一人份套餐的形式供應。

MAP P.184 D-2 ☎010-8479-1107 ⌂江南區宣陵路131街17 ⏰11:30～15:00（LO14:30）、17:30～21:00（LO20:30）▢週日 🚇地下鐵7號線／水仁．盆唐線江南區廳站3號出口步行2分鐘［江南區廳］ gebangsikdang.official

♡♡♡ 除了醬油蟹，以辣椒醬漬製的洋釀辣蟹也很好吃。

醬油蟹套餐1人份₩4萬5000。附9道小菜與蒸蛋、辛奇螃蟹湯、飯 Ⓐ做成海苔捲 Ⓑ類似海苔的海藻「滸苔」Ⓒ香脆海苔 Ⓓ辛奇螃蟹湯 Ⓔ蒸蛋。

滿嘴都是
花蟹的鮮甜

Ⓔ Ⓓ Ⓒ Ⓑ Ⓐ

❶店家藏身巷弄，充滿在地小館風情 ❷牆上滿是名人的簽名和照片。座位全部是木地板。

❷ ❶

真味食堂
진미식당

預約才吃得到的超人氣專賣店

這間店只提供醬油蟹套餐，不過份量相當充足。建議事前打電話預約，午餐時段通常需要提前1～2週預約，晚餐時段的預約常常要排到1個月以後。

(MAP) P.175 A-5 ☎02-3211-4468
🏠麻浦區麻浦大路186-6 ⏰12:00～15:30、17:00～20:00、週六11:00～15:30、17:00～19:00（LO打烊前1小時）※售完即打烊 🔒週日與國定假日 📍地下鐵5號線兒嶺站4號出口步行4分鐘〔兒嶺〕

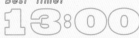

Best time!
13:00

燒酒、馬格利、傳統酒……
告訴我，
韓國到底有哪些酒！

馬格利等韓國的傳統酒正悄悄興起，愈來愈多
年輕的釀酒師嶄露頭角，味道和標籤也精緻了
許多！

1 輕鬆愉快學品酒
傳統酒風味品鑑

現在多了一個可以免費試飲韓國傳統酒的地方。試飲會採預約
制，每月開放試飲5種不同口味。詳情請見Instagram公告！

還有專家
細心解說！

傳統酒Gallery
전통주갤러리

展示著超過300種傳統酒的推廣機構

這裡展示著韓國各地的馬格
利、水果酒、蒸餾酒等各種
傳統酒，每天還會舉辦7次
免費試飲會。

(MAP) P.177 B-1 ☎0507-
1406-6220 ⋒鍾路區北村路
18 ⏰10:00～19:00 ⏱週一
📍地下鐵3號線安國站2號出
口步行2分鐘［北村］
📷 thesoolgallery

---

2 生馬格利

開心挑、開心喝

也有氣泡口感和水果風味的版本！

提到韓國的酒，當然
少不了馬格利，而未
經加熱殺菌的生馬格
利與日本市面上流通
的馬格利不同，風味
更清爽。

Ⓐ加了酸甜五味子的ONZI OH（온지
오）！五味子馬格利 ❷₩1萬5500 Ⓑ
慶尚南道南海Daraengi Farm的柚子
馬格利 ❷₩4500 Ⓒ首爾合井一起釀
酒廠的延禧梅酒 ❶₩1萬2000。

---

3 類似日本清酒的清澈酒品。

韓國清酒、藥酒是什麼？

談到韓國的傳統酒，不得不提與
日本清酒製程相同的韓國清酒，
以及用米以外的原料釀造的藥
酒。兩者的酒體都很澄澈，而且
種類豐富。

Ⓓ製麴達人Han Young Seok
以傳統方法製麴，並以糯米為
原料釀造的清米酒 ❶₩2萬
8000 Ⓔ帶有明顯甘甜滋味
的京城過夏酒 ❹₩5萬5500
（餐廳供應價）。

---

4 啤酒名廠持續增加中。

精釀啤酒正流行！

韓國自2010年代中期開始，連年冒出許多風格獨特的精釀
啤酒廠，據說目前已超過160家了！

Ⓕ口味清爽的淡啤酒，Magpie Brewing的逆向行駛 ❷
₩6000 Ⓖ使用自家栽培大麥釀造的啤酒，Saenggeuk
Brewery的UF BEER ❶一瓶₩6900 Ⓗ擁有清新啤酒花
香氣，MysterLee Brewing的義式皮爾森 ❷₩7600 Ⓘ
風味強勁的雙倍IPA，Ash Tree Brewery的Blood Eagle
❷₩9500。

這些地方能買酒也能喝酒！

❶ 我們酒堂堂 首爾林店
→P.132

就差一步了！

❷ 酒流社會
→P.132

❸ MINARI
→P.122

❹ 我們的酒館 松鼠
→P.93

HOSUNSENG
→P.25

---

5 還有體驗班！馬格利DIY

「我們酒堂堂 首爾林店」（P.132）可以報名馬格利製作體驗班（需預約，1人₩6萬5000）。課程採英語進行。

現做的特別好喝！

---

6 韓國燒酒更多元！高級燒酒！

韓劇裡面常看到的綠瓶燒酒其實屬於稀釋式燒酒（甲類燒酒），但近年有愈來愈多人愛上蒸餾式的正宗燒酒。

Ⓙ來自紐約的tokki soju White ❶₩2萬4000
Ⓚ由藝人Jay Park推出的WON SOJU ₩1萬2900。GS25便利商店就有賣。

---

8 精心打造的一支酒！韓國威士忌

2020年於京畿道南楊州成立的新酒廠，終於推出了韓國首款單一麥芽威士忌！產量有限，僅鋪貨於部分酒專。

KI ONE
₩15萬9900

Three Societies Distillery
쓰리소사이어티스 증류소
@three_societies

---

7 傳統酒加蘇打水 做成Highball

韓國很流行喝Highball（威士忌加蘇打水），這種喝法也漸漸從威士忌擴及傳統酒。照片是用全羅南道高興產柚子酒加蘇打水調製的高興柚子Highball ❸₩9000。

---

9 首爾車站也買得到！傳說中的香檳馬格利

不只有馬格利，還有燒酒與藥酒。手工馬格利（右上）、紅米馬格利（右下）一瓶₩1萬2000。

討論度極高的生馬格利「福順都家」，口感細緻得像香檳！原本不太喜歡馬格利的人一定要試試看。

福順都家 首爾車站店
복순도가 서울역점

蔚山釀造，秉持傳統工藝
位於首爾車站內，冰箱中陳列著福順都家的各種馬格利。還有販售天然酵母護膚產品。

MAP P.175 B-5 ☎0507-1350-3976 ⌂龍山區青坡路378 B1 ⏰8:00～22:00 🚫無休 🚇機場快線／地下鐵1、4號線／京義中央線首爾車站內〔首爾車站〕
@boksoondoga

東廟跳蚤市場
동묘 벼룩시장

深度120％的市場

古著、二手書、餐具、電池，混亂的市場裡什麼都賣、什麼都不奇怪。近年也有許多造型師和模特兒等時髦年輕人喜歡來這裡採購。

[MAP] P.174 F-2 🏠鐘路區鐘路東廟前站3號出口周邊 🕘9:00～18:00左右（各店情況不一）🔒無休（各店情況不一）🚇地下鐵1、6號東廟前站3號出口步行1分鐘〔東廟〕

古著、老件

潮男潮女都來這裡！

1 古著店多到形成了一條街道 **2** 還有販賣懷舊徽章的店 **3** 堆積如山的古著。

還有可愛的小徽章！

Best time!
13:00

古著、餐具和童裝！
在地市場必買名單

首爾擁有各種專賣店街和地方市場。
根據需求選擇目的地，踏上購物之旅吧！

1 市位於清溪川旁，一共分為A～C、N共4棟 **2** B棟2樓還有賣蕾絲布。

2

手工材料、布料

可以拿來放耳環！

3

3 小片蕾絲布₩1000～3000 **4** 飾品材料商家主要在A～C棟5樓。

4

東大門綜合市場
동대문종합시장

飾品材料琳瑯滿目

大樓裡有許多手工藝材料和布料的專業批發行。我常常裝成飾品店老闆，來這裡採購蕾絲布來當作擺耳環的飾品盤。

[MAP] P.176 F-3 ☎02-2262-0114 🏠鐘路區鐘路266 🕘8:00～19:00（各店情況不一）🔒週日（每月第1、3、5個週日部分店家正常營業）🚇地下鐵1、4號線東大門站9號出口步行3分鐘〔東大門〕

⭐⭐⭐ 東廟跳蚤市場的徽章是在原宿貨幣（원주화폐／[MAP] P.174 F-2）買的。

Ⓐ 也有藝術家手工作品！

南大門市場 D 棟
남대문시장 D동

平價餐具與藝術器皿一應俱全

南大門市場有許多專賣韓國特色餐具的店家。D棟3樓也有些店家會販賣韓國藝術家製作的高級餐具和黃銅器皿。

MAP P.175 B-4 ☎02-752-2958 🏠中區南大門市場4街9 大都綜合商街 D棟 ⊙8:30～17:30 🔒週日 ♀地下鐵4號線會賢站5號出口步行3分鐘〔南大門〕

Ⓐ Ⓑ Ⓒ Ⓓ 購於首都商會（수도상사），價格為₩5000～1萬5000。Ⓔ Ⓕ Ⓖ 購於南大門納清（납청놋전），價格為₩1萬3200～3萬3000。

這個就是在這裡買的

店家也會配合聖誕節等節慶推出季節性商品。

mama童裝
마마아동복

可愛童裝排排站！

南大門有一座童裝批發大樓，雖然裡面大多是晚上才營業的批發商，但有些店白天也有提供零售，可以逛逛看。

MAP P.175 B-4 ☎02-752-2773 🏠中區南大門市場8街2 ⊙9:30～17:00、22:30～凌晨4:00 🔒週日 ♀地下鐵4號線會賢站6號出口步行2分鐘〔南大門〕

會賢站6號出口附近有一條街全是零售童裝店。白熊造型夏帽₩5000。

昌信洞文具玩具街
창신동문구완구시장

找回童年的興奮感！

這裡聚集了許多像韓國小門口會出現的文具店和玩具店，雖然都是批發商，但也提供零售，遊客們也可以享受購物趣。

MAP P.174 F-2 ☎02-743-7424 🏠鍾路區鍾路52街一帶 ⊙9:00～19:00（各店情況不一）🔒無休（各店情況不一）♀地下鐵1、6號線東廟前站6號出口步行1分鐘〔東廟〕

芳山綜合市場
방산종합시장

還有韓文餅乾切模！

芳山綜合商會A棟旁有一整排烘焙材料和包裝用品行。雖然裡面有很多從日本進口的商品，但從中挖掘韓國特色的產品也是一種樂趣！

MAP P.176 E-4 🏠中區東湖路37街一帶 ⊙9:00～18:00、週六～15:00（各店情況不一）🔒週日 ♀地下鐵2、5號線乙支路4街站6號出口步行4分鐘〔乙支路〕

1 刻有「你真棒」、「獎」字樣的獎牌餅乾切模₩6000 2 杯子蛋糕模₩4000。

WHITE & BEER　BUBBLES & JUICE　ICE CREAM

當成咖啡廳
享受也不錯！

2,000

Best time!
13:00

歐美氛圍結合韓國質感

GROCERY STORE真好逛！

雜貨店裡有食品、生活用品、服飾，
統統都是國內外的「質感選品」。快
來逛逛時髦又有品味的韓國雜貨店。

IN THE **Midday** (11:00~14:00)

1

DISH

1摩洛哥咖啡₩4800、洛神
檸檬水₩5500 **2**進口零食
的品項也很豐富 **3**章魚披薩
₩2萬2000。

2

GROCERY ×

CAFE &
DINING

TASTE AND TASTE
聖水旗艦店
테이스트앤드테이스트 성수플래그십

提供簡單義式料理的雜貨店

這個品牌2021年於江南地區誕生，2023年
4月於聖水開設旗艦店。店內外擺設的韓國
藝術家作品也值得好好欣賞。

(MAP) P.182 E-3 ☎02-463-0577 ♠城東區練武場街
114 Ga棟 1F ⏰11:00～23:00（LO21:00）※14:30
～17:30※不供應食物（但供應飲品、開放購買雜貨）
🔒無休 ♥地下鐵2號線聖水站3號出口步行11分鐘〔聖
水〕⏹ tasteandtaste.kr

ⒶTAT葡萄酒保冷袋
₩5900 ⒷTAT
AMAZING LAGER
₩4100 Ⓒ高腳玻璃杯
₩1萬8000 Ⓓ
Highball杯₩1萬
3000 ⒺGIN MAYO
₩1萬2900 ⒻEBE
NUT的胡桃₩3100。

☆ ☆ ☆ TASTE AND TASTE經常舉辦快閃活動。詳情請見Instagram的活動公告！

♡ 058

關注度UP的新堂洞！

1 2022年9月開幕。綠色主調的空間相當可愛，看似冰箱的櫥櫃中竟然掛著衣服!? **2** 還有墨西哥藝術家Tim Comix的原創角色商品。

FASHION

PHYPS MART
핍스마트

知名服裝品牌經營
PHYSICAL EDUCATION DEPARTMENT
開設的選物店，定期舉辦跨品牌合作活動。

MAP P.174 F-3 ☎0507-1379-0102 ♠中區退溪路417 ◎12:00～21:00 ☎無休 ♥地下鐵2、6號線新堂洞1號出口步行1分鐘〔新堂洞〕◎ phyps_mart

原創吉祥物鑰匙圈
一個₩2萬9000
Ⓐ青花菜 Ⓑ小熊
Ⓒ草莓。

總店位於街路樹街

GROCERY×

NICE WEATHER
THE HYUNDAI SEOUL 店
나이스웨더 더현대서울점

LIFE STYLE GOODS

概念是「新時代的便利商店」
主要客群鎖定將消費行為視為一種自我展現的MZ世代，提供品質好、設計感十足的選品。原創商品也很受歡迎。

MAP P.173 A-3 ☎02-3277-0845 ♠永登浦區汝矣大路108 B2 ◎10:30～20:00 ☎無固定公休日 ♥地下鐵5、9號線汝矣島站3號出口步行10分鐘（與地下道直通）〔汝矣島〕◎ niceweather.seoul

GROCERY×

LOCAL MARKET

BOMARKET 經理團店
보마켓 경리단점

2014年成立，在首爾擁有5家分店
標榜「讓生活更美麗、更有用、更美味」，注重在地關係，每間分店都有各自的賣點與獨特的氛圍。

位於南山山腳下的經理團店於2020年開業，還附設咖啡廳Ⓐ Ⓑ 毛氈酒瓶袋一件₩1萬9800（不含餐具）。

MAP P.173 C-3 ☎02-792-3380 ♠龍山區莎坪大路286 ◎10:00～20:00 ※週一～四15:00～16:00不供應食物（但供應飲品、開放購買雜貨）☎無休 ♥地下鐵6號線綠莎坪站2號出口步行15分鐘〔經理團路〕◎ bomarket

又一次興起的潮流最前線！
到 狎鷗亭 ＆ 島山公園
走一走、晃一晃

**鬱鬱蔥蔥的公園周邊
冒出許多引領潮流的商家**

狎鷗亭自90年代以來，一直都是首爾的高級商業區。雖然也因為租金高昂、鄰近經紀公司陸續遷出，一度沒落，但數年前已經捲土重來。現在的店家慢慢遠離繁華大街，集中於島山公園周邊，不少熱門咖啡店的分店也都來這裡開店，吸引了大批人潮。大家如果打算前來，記得多留一點時間。

到處都是咖啡名店

為紀念獨立運動人士安昌浩而建的島山公園，如今也是首爾市民的城市綠洲

Ⓐ TONGTONGE
이웃집통통이

可以吃到獨特糕點的咖啡廳

提供各種融入韓國元素的糕點，例如放了傳統藥菓的餅乾或是糖餅風味的費南雪。藥菓餅乾₩4000、費南雪一份₩3000起。

MAP P.184 D-1 ☎0507-1313-9286 🏠江南區宣陵路161街19 🕙10:00~21:30（L.O21:00）📅無休 🚇水仁・盆唐線狎鷗亭羅德奧站6號出口步行2分鐘
📷tongtonge_

Ⓑ London Bagel Museum
島山店
런던 베이글 뮤지엄 도산점

人氣貝果咖啡廳的第2間分店

繼首爾安國店（P.15）後於2022年6月開業，同樣一大清早就吸引了排隊人潮！品項如Spring Onion Pretzel Bagel ₩8500、Jambon Butter ₩8500等等。

MAP P.185 C-1 ☎不公開 🚇江南區島州路168街33 🕙8:00~18:00 📅無休 🚇水仁・盆唐線狎鷗亭羅德奧站5號出口步行6分鐘 📷london.bagel.museum

⭐⭐⭐ HOJOKBAN是飲食企業GFFG旗下的其中一間店，該企業也經營Knotted World（P.89）、Minute Papillon（P.38）等品牌，均在狎鷗亭都有店面。

HOJOKBAN
好族飯
호족반

吸引人的創意韓國料理

店名取自韓國傳統小型餐桌「虎足盤（HOJOKBAN）」的諧音。名品松露油香馬鈴薯煎餅₩1萬8000、荏胡麻油拌麵₩1萬。

MAP P.185 C-1 ☎0507-1399-3353 🏠江南區彥州路164街39 ⏰11:30～21:30（LO21:00）🈚無休 ♥水仁‧盆唐線狎鷗亭羅德奧站5號出口步行7分鐘 ⓞ hojokban

---

Ⓑ ZENZERO 島山
젠제로 도산

健康雅致的義式冰淇淋

這間店於2023年4月開幕，是江南區廳人氣義式冰淇店的分店。附設義式快餐廳，提供葡萄酒配冰淇淋的組合餐。照片為加了滸苔（類似海苔的海藻）的滸苔焦糖米香冰淇淋₩7000。
→P.86

感覺好像主題樂園！

店內氣氛有如藝廊

Ⓓ WIGGLEWIGGLE 島山旗艦店
위글위글 도산 플래그십스토어

每層樓拍起來都好玩

因活潑色彩與設計而深受歡迎的雜貨品牌。外觀爬滿藤蔓的四層樓黑色建築中，其實藏著繽紛絢麗的豐富商品。

MAP P.185 C-1 ☎0507-1340-2057 🏠江南區彥州路168街31 ⏰11:00～20:00 🈚無休 ♥水仁‧盆唐線狎鷗亭羅德奧站5號出口步行7分鐘 ⓞ wigglewiggle.zip

---

Ⓒ GENTLE MONSTER HAUS DOSAN
젠틀몬스터 하우스 도산

全球共有65間以上分店的品牌

韓國名流指定配戴的國際眼鏡品牌。此處介紹的上下兩副太陽眼鏡，分別是ORAH C1 ₩35萬、ROCOCO 01 ₩33萬。藝廊般的店內裝潢也很有趣。

MAP P.185 C-1 ☎070-4128-2122 🏠江南區狎亭路46街50 MF、2～3F ⏰11:00～21:00 🈚無休 ♥水仁‧盆唐線狎鷗亭羅德奧站5號出口步行8分鐘 ⓞ gentlemonster

今天・我想來點……
午餐篇

荏胡麻的濃郁滋味！

體府洞宴席家的
荏胡麻刀削麵₩7500

Ⓐ加入磨碎荏胡麻籽製成的濃厚湯頭有獨特風味，喜歡的人保證回味無窮。

拌上黑黑的醬汁

Ⓑ不辣不行的炒碼麵。這道三鮮炒碼麵還加了滿滿的海鮮。

好辣！但是好好吃！

永和樓的
辣乾炸醬麵₩1萬1000

Ⓑ比較少見的微辣炸醬麵，加了青辣椒切片。

加了黃豆粉的手打麵

安東家手打麵的
招牌手打麵
₩8000

Ⓓ京東市場熱門餐館的韓式烏龍麵，吃的時候可以自行添加大蒜和醬油醬汁。

簡便無負擔

各種麵食

면류

永和樓的
三鮮炒碼麵
₩1萬2000

夏天就是要吃這個！

拌麵也不錯

安德的牛肉冷麵
₩1萬4000

Ⓒ韓國夏天必吃涼麵，濃郁的豆漿湯中帶有適度的鹹味。

晉州家的拌麵
₩1萬1000

Ⓒ類似素麵的麵條搭配白蘿蔔、小黃瓜和酸酸甜甜的辣椒醬，清爽中帶點辛辣感。

晉州家的豆漿冷麵
₩1萬4000

Ⓔ只在夏季供應的冷麵，清澈的牛肉湯味道高雅。秋天還會供應豆渣湯。

夏季限定！

Ⓓ 安東家手打麵
안동집 손칼국시

MAP P.172 D-1 ☎02-965-3948 ♠東大門區高山子路36街3 京東市場 新館 B1 ◷10:00～20:00（LO19:00）♤每月第2、4週週日 ♥地下鐵1號線祭基洞站2號出口步行5分鐘〔祭基洞〕

Ⓒ 晉州家
진주집

MAP P.173 A-4 ☎02-780-6108 ♠永登浦區國際金融路6街33 ◷10:00～20:00、週六～19:00 ♤週日與國定假日 ♥地下鐵5、9號線汝矣島站5號出口步行5分鐘〔汝矣島〕

Ⓑ 永和樓
영화루

MAP P.175 B-1 ☎02-738-1218 ♠鍾路區紫霞門路7街65 ◷11:00～15:00（LO14：30）、17:00～21:00（LO20:10）♤無休 ♥地下鐵3號線景福宮站2號出口步行9分鐘〔西村〕

Ⓐ 體府洞宴席家
체부동 잔치집

MAP P.175 B-2 ☎02-730-5420 ♠鍾路區紫霞門路1街16 ◷11:00～22:30 ♤無休 ♥地下鐵3號線景福宮站2號出口步行1分鐘〔西村〕

오늘은 뭐 먹지?

吃什麼？

拌～一拌再大快朵頤

滿足視覺與味覺
手工小菜擺滿桌的韓式套餐

**大瓦房的
人參蒸排骨
₩3萬3000**

G 約有10道小菜的
韓式套餐，主菜是用
高麗參蒸煮而成的牛
排骨。

\ 全部都想嘗過一遍！/

套餐 & 拌飯 & 水餃

정식 & 비빔밥 & 만두

**Bonjour飯桌的
牛肉韭菜拌飯
₩1萬1000**

F 牛絞肉和韭菜的拌飯。淋上醬油
醬汁後拌勻，吃的時候還聞得到微
微麻油香。

入口即化的甘甜蟹肉

**大瓦房的
醬油蟹
₩5萬3000**

G 套餐的主餐也可以
改成醬油蟹。

**安德的餃子湯
₩1萬4000**

E 湯裡放著大大的水餃，水餃
裡包的是稍微沖洗過的辛奇、
豆腐和牛豬混合絞肉。

微辣微辣
滋味高雅的清湯

**安東家手打麵的
拌飯₩8000**

D 上面放著滿滿的紫
萁等涼拌菜，記得加
點苦椒醬拌一拌。

滿滿的韓式拌菜！

**G 大瓦房
큰기와집**

MAP P.177 B-1 ☎02-
722-9024 ♠鍾路區北
村路22 ◎11：30～
15：00、17：30～21：00
（LO20：00）🔒週一 ♥
地下鐵3號線安國站2號
出口步行2分鐘〔北村〕

**F Bonjour
飯桌
봉쥬르밥상**

MAP P.179 C-3 ☎02-337-
9850 ♠麻浦區城美山路26
街37地下101號 ◎11：30～
14：30、17：00～21：00、週
日～20：30 🔒週一、每月最
後一個週二 ♥機場快線／地
下鐵2號線弘大入口站3號出
口步行7分鐘〔弘大〕

**E 安德
안덕**

MAP P.175 B-1 ☎02-723-
1518 ♠鍾路區紫霞門路17街
18 ◎11：30～15：00（LO
14：30）、18：00～21：00
（LO20：00）、週六、日
11：30～15：00（LO14：30）、
17：30～21：00（LO20：00）
🔒週一、二 ♥地下鐵3號線景
福宮站2號出口步行10分鐘
〔西村〕

063

MIDDAY TIPS

白天盡情享受購物和觀光樂趣，從話題選物店一路逛到韓屋村！

書店＆圖書館
서점&도서관

拍起照來也好看的
超美書店＆圖書館

首爾有些書店、圖書館光是走進去逛一逛就很開心，好比擁有13公尺高巨大書架的星空圖書館，還有店面設計美到掀起話題的ARC．N．BOOK。而教保文庫還有販售許多其他商品，不愁沒有東西買。首爾書寶庫是2019年開幕的韓國首家公共二手書店兼咖啡廳，也值得一遊。

©Bankrx / Shutterstock.com

星空圖書館 〔圖書館〕
별마당도서관

MAP P.184 E-3 ☎02-6002-3031 ⬆江南區永東大路513購物中心B1〜1F ⏰10:30〜22:00 🔒無休 🚇地下鐵2號線三成站6號出口、地下鐵9號線奉恩寺站7號出口直達〔三成〕

首爾書寶庫 〔二手書〕
서울책보고

MAP P.172 F-4 ☎02-6951-4979 ⬆松坡區梧棍路1 ⏰11:00〜20:00、週六・日10:00〜 🔒週一 🚇地下鐵2號線蠶室渡口站1號出口步行3分鐘〔蠶室〕

ARC・N・BOOK 〔書店〕
樂天世界購物城店
아크앤북 롯데월드몰점

MAP P.172 F-4 ☎02-3213-4490 ⬆松坡區奧林匹克路300 樂天世界購物城4F ⏰10:30〜22:00 🔒無固定公休日 🚇地下鐵1、8號線蠶室站11號出口步行5分鐘〔蠶室〕
ⓘ arc.n.book_official

教保文庫 〔書店〕
光化門店
교보문고 광화문점

MAP P.177 A-3 ☎1544-1900 ⬆鍾路區鍾路1 B1 ⏰9:30〜22:00 🔒無休 🚇地下鐵5號線光化門站4號出口直達〔光化門〕

選物店
편집샵

想逛選物店，ALAND最方便。
還有尚未進軍日本的H&M副牌！

ALAND是一家以韓國品牌為主的選物店，明洞總店提供多樣化的商品，包括客製化原創標籤、飾品以及古著。ALAND於弘大等地區也有分店，每間店的品項都稍有不同。且還有尚未打入日本市場的H&M副牌＆other stories。主打成熟浪漫又帶點可愛的路線，除了服裝、化妝品、指甲油、保養品等美妝品的設計也都很迷人！

還可以製作個人化標籤

條紋T恤₩3萬9000、粉紅T恤₩3萬8000、包包₩3萬3700。

&other stories
앤아더스토리즈

MAP P.184 D-1 ☎02-3442-6477 ⬆江南區狎鷗亭路342 ⏰11:00〜22:00 🔒無休 🚇水仁・盆唐線狎鷗亭羅德奧站6號出口步行1分鐘〔狎鷗亭〕

ALAND 明洞總店
에이랜드 명동본점

MAP P.177 B-5 ☎02-3210-5900 ⬆中區明洞8街40 ⏰11:00〜23:00 🔒無休 🚇地下鐵4號線明洞站6號出口步行1分鐘〔明洞〕

詳情請見Instagram！

Place Archive
ⓘ place_archive

Hey POP
ⓘ heypop_official

快閃活動
팝업

場場都是限時舉辦
超受歡迎的快閃活動

韓國人大多習慣線上購物，而且非常喜歡限時舉辦的線上快閃活動。每個月都有好幾場，包含雜貨、香水、咖啡廳、化妝品品牌，甚至有偶像主題的快閃活動。敲定韓國行的時間後，一定要馬上看看有什麼活動！

韓國無印良品
MUJI

韓國限定食品
以及韓國各地的「好東西」
適合買來當作伴手禮

韓國的無印良品有一些日本買不到的獨家商品，例如辛奇罐頭、冷凍乾燥大醬湯（味噌湯）、直接加到飯裡拌一拌就能做出韓式拌飯的乾燥山蓟菜（朝鮮薊）。這些商品的包裝也很可愛，適合作為伴手禮。江南店還有韓國特產與傳統酒的賣場以及展區，可以找到來自韓國各地的「好東西」。

山蓟菜大醬湯₩5900、蘿蔔葉拌菜、山蓟菜拌菜一包₩3900、辛奇罐頭一罐₩2900。

地下商店街
지하
쇼핑센터

與車站連通的
物美價廉商店街

首爾某些主要車站的地下道有與地鐵站間相互連通的商店街，其中江南站有很多價格實惠的小服飾店，有些店家付現就可以打折，建議事先多準備一點現金。

江南車站地下購物中心
강남역지하쇼핑센터
MAP P.185 C-5 ☎02-553-1898 ◈江南區江南大路地下396 江南車站地下購物中心 ◷9:00～22:00 ◉無休 ◉地下鐵2號線／新盆唐線江南站直達〔江南〕

MUJI 江南店
무지 강남점
MAP P.185 B-5 ☎02-6203-1291 ◈瑞草區江南大路419 1～4F ◷11:00～22:00 ◉無休 ◉地下鐵2號線／新盆唐線江南站10號出口步行2分鐘〔江南〕
ⓘ mujikr

韓屋村
한옥마을

擁有大片美景的北村與餐館林立的益善洞
暢遊首爾兩大韓屋村

北村鄰近景福宮（P.34），過去是王族和兩班等貴族階級的生活圈，現在則成為保存傳統民房的優美區域。從房屋密集的高地小巷，可以遠眺N首爾塔，很多人都喜歡在這裡拍照。而益善洞也有一條韓屋街，幾乎全都是1920年代建造的傳統民房，是首爾歷史最悠久的韓屋村。現在有些百年齡超過百年的建築也改建成咖啡廳和商店，吸引了不少國內外遊客。

TONEWORK
톤워크

運用AI技術分析膚色
客製化專用粉底！

TONEWORK是2023年5月成立的客製化化妝品品牌，利用AI技術分析顧客膚色，從150種色調中選出最適合顧客的粉底顏色，可至AMORE YONGSAN選購。

益善洞韓屋街
익선동한옥거리
MAP P.177 C-2 ◈鍾路區益善洞一帶 ◉地下鐵1、3、5號線鍾路3街站4、6號出口步行1分鐘〔鍾路〕

北村韓屋村
북촌 한옥마을
MAP P.175 C-1 ◈鍾路區桂洞街37一帶 ◉地下鐵3號線安國站3號出口步行8分鐘〔北村〕

AMORE YONGSAN
아모레 용산
MAP P.181 B-3 ☎02-6040-2557 ◈龍山區漢江大路100 ◷10:30～19:00 ◉國定假日 ◉地下鐵4號線新龍山站2號出口步行1分鐘〔龍山〕ⓘ tonework.official

刺繡布章行「object sangga」（P.90）提供DIY服務，可以將多采多姿的刺繡布章結合手提包或背包，自行創造獨一無二的產品。

SEOUL THE BEST TIME

IN THE

Afternoon

14:00 - 17:00

這個時段，首爾已經完全甦醒。這段時間要跑的行程可多了，可以採買韓國品牌商品，或是參觀書店，途中還可以吃個刨冰、義式冰淇淋，或喝一杯傳統茶稍事休息。天氣晴朗的時候，也推薦到漢江河岸野餐♡

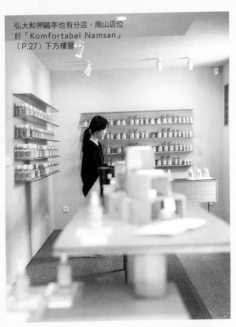

弘大和狎鷗亭也有分店。南山店位於「Komfortabel Namsan」（P.27）下方樓層。

ⒸModle. ⒷSUSIE SALMON. ⒶNOLL.

Ⓐ輕盈香氣持續5～6小時的香水130ml ₩5萬5000 Ⓑ洗手乳₩2萬5000 Ⓒ共有5種香氣的特色香水50ml ₩11萬。

pick up!

PERFUME

〔香水〕

GRANHAND. 西村
그랑핸드 서촌

大林美術館附近的香氛產品店

從大林美術館回程路上，突然飄來一陣悅人的香氣！循著香氣來源，我們發現了這家店。珊瑚粉色小屋中，琳瑯滿目的原創香水和香氛袋陳列得相當時髦。

(MAP)P.175 B-2 ☎02-333-6525 ♠鍾路區紫霞門路4街14-2 ◯11:30～20:30 ♠無休 ♥地下鐵3號線景福宮站3號出口步行3分鐘〔西村〕

@granhand_official

Best time!
14:00

用了就能化身香噴噴的歐逆!?

韓國在地
香氛產品

韓國的漂亮歐逆（姐姐）身上總是散發著迷人香氣。跟著我們一起前進香氛專賣店，尋找歐逆身上優雅柔美的夢幻香氣！

還可以蓋印章♥

購買擴香瓶或多用途香水，即可於標籤印上喜歡的文字。

☆ ☆ ☆ 吃完烤肉或烤腸，大衣總是沾滿油煙味……這時香氛袋就派上用場了！旅遊期間也可以掛在飯店衣櫃裡面除臭。

Ⓐ可以當香水用的香氛護手霜 PERFUME SHELL X，每罐 ₩3萬2000 Ⓑ香水50ml ₩13萬9000 Ⓒ香水94ml ₩21萬9000 Ⓓ隨身香氛膏一支₩4萬6500。

pick up!
HAND CREAM
〔護手霜〕

TAMBURINS HAUS DOSAN
탬버린즈 하우스 도산

令人陶醉的優美包裝與香氣

追求脫俗美學的香氛化妝品品牌，推出許多讓人想隨身攜帶、包裝精緻的香氛產品。

MAP P.185 C-1 ☎070-4128-2124 ♠江南區狎鷗亭路46街50 🕙11:00～21:00 🔒無休 ♥水仁·盆唐線狎鷗亭羅德奧站5號出口步行8分鐘〔狎鷗亭〕📷 tamburinsofficial

店面位於「HausDosan」4樓，美得像一座藝廊。店內還有同集團旗下的多種品牌。

NONFICTION SAMCHEONG
논픽션 삼청

妝點平凡日子的香氣

提供香水、居家香氛、護膚等多元香氛產品的生活風格品牌。聯手世界級香水師打造的六款香氛不但高雅，也適合日常使用。

MAP P.177 A-1 ☎02-733-4099 ♠鍾路區北村路5街84 🕙11:00～20:30 🔒無休 ♥地下鐵3號線安國站1號出口步行10分鐘〔三清洞〕📷 official.nonfiction

pick up!
HAND WASH
〔洗手乳〕

Ⓐ洗手乳₩3萬4000 Ⓑ室內空氣清淨噴霧₩6萬5000 Ⓒ護手霜₩2萬3000 Ⓓ香水100ml ₩15萬8000。

三清分店共有2層樓。漢南和釜山也有分店。

將一見如故的器皿納為日常風景的一部分

將首爾的旅行回憶 隨著器皿帶回家

我總是按捺不住買器皿的心情，就算擔心帶回家的路上會不小心摔破，每次看到都還是會想買下來。畢竟這些都是日常生活中會用到的東西，也覺得它們能夠一直留存旅行的回憶，所以我每次出門都會買一點回來。

這裡會介紹三家各具魅力的陶器展間兼商店，還有一家選物店，雖然有些商品在日本上網就買得到，不過只有親自到實體店面才能感受器皿的質感和大小。推薦大家也親自走一趟，找找自己會想好好用一輩子的餐具。

Best time!
14:00

在首爾尋找絕無僅有的器皿
一踏腳入韓國陶瓷的世界

Ⓐ
Ⓒ
Ⓑ
Ⓓ

NR CERAMICS
엔알세라믹스

曲線柔美，色調動人
由Lee Nuri創辦的陶器品牌，以自然界為靈感的獨特曲線和非對稱設計著稱，店內諸多現代風格器皿和餐具，都能提升日常料理的格調。

MAP P.177 B-2 ☎0507-1405-7762 ♠鍾路區仁寺洞街53-1 2F ⏰13:00～19:00 ♠週日～三 ♠地下鐵3號線安國站6號出口步行2分鐘〔仁寺洞〕⊙nr_ceramics

聽說這是採用了天然石頭的色調
Ⓐ Pebble Plate S ₩1萬8000
Ⓑ Dessert Plate ₩2萬5000
Ⓒ Soup Bowl ₩3萬 Ⓓ傳統螺鈿工藝湯匙、叉子，及雲朵造型的特殊湯匙一件₩1萬2000。

各擁特獨風采的
藝術家手工作品

ⒶOVAL PT.M ₩5萬5000
ⒷMONUMENT SQUARE
₩5萬5000 ⒸLALA ₩5萬
5000 Ⓓ線香座ROCKING
HORSE ₩3萬 ⒺOja以愛貓
ZEZE為靈感的線香座ZEZE
MONSTER ₩4萬。部分營
收會捐助給流浪貓福利機構。

OJACRAFT
오자크래프트

愛貓造型作品也很受歡迎

這裡是陶器藝術家Oja的作品展間，他也曾在日本和台
灣舉辦過陶藝展。這裡的展品都有一種古董的質感，擺
著當裝飾也很迷人。

MAP P.179 C-2 ☎070-7788-7232
⌂麻浦區城美山路29街422 2F ◷
13:00～19:00 🔒週一、二 ◉機場快
線／地下鐵2號線弘大入口站3號出
口步行14分鐘〔延南洞〕
ⓞ ojacraft

12 用老櫃子和廢材製作的收銀台，以及Oja自製的燈具，造就別緻
的空間 3 陽光從畫框般的窗戶灑落室內。

各式各樣的作家
形形色色的器皿

OMG ceramic的
8bowl ₩3萬。

POY ceramics的馬克杯
和碟子₩2萬4000。

2D STUDIO
的陶製迷你葡
萄酒杯組₩3
萬9000。

LOFA SEOUL
로파 서울

介紹當紅藝術家的選物店

這家選物店蒐集了國內外藝術家的工藝品
和配飾，內容相當廣泛，每個月都會換一
批商品。
→P.79

OMG ceramic的
Wav elvet cup ₩3
萬2000。

細細品味架上豐富的
品項也是一種樂趣！

New & Traditional

兩個地區，兩種韓國茶體驗。

Traditional 전통
韓屋 × 傳統茶

1 使用同時具備了五種味道（甜、酸、辣、鹹、苦）的五味子和草莓泡之的冰花茶₩8000。冰塊融化之後，花朵便會浮現
2 百年老韓屋改建而成
3 調和了繽紛花朵的百花茶₩1萬1000。

茶點配這個！

Ⓐ 口感蓬鬆的米製傳統點心，韓菓₩4000
Ⓑ 南瓜蒸糕₩1萬。

Ⓐ

Ⓑ

Ⓚ

傳統茶館
在喝茶的庭院
醉心美麗的花茶和韓屋

這家茶館名叫「喝茶的庭院」，環境就和名字一樣優美，是由四合院格局的韓屋改建而成。可以坐在風雅的空間品嘗韓國的傳統茶。茶館地處三清洞高台，窗外可以欣賞到壯觀的北漢山和仁王山山景。

차마시는뜰

MAP P.175 C-1 ☎02-722-70 06 ♠鍾路區北村路11Na街26 ◯12:00～21:00、週六、日 11:00～ 🔒週一 ♀地下鐵3號線安國站1號出口步行13分鐘〔三清洞〕Ⓘ cha.teul

☆ ☆ ☆　茶葉搭配水果蜜餞或穀物是韓國傳統茶的特色。好好享受與日本茶的差異吧。

072

Best time!
14:00

坐在優美空間,喝杯好茶安頓心神

品味**韓國茶**的

保存傳統街景的北村＆文創基地聖水,

New 뉴스타일
愜意咖啡廳
×
茶葉

對茶葉十分講究
在 Magpie & Tiger 聖水 Tearoom 喝一杯好茶,鬆一口氣

店內茶葉大多來自韓國主要茶產地,河東郡的特約農家,主要提供雀舌茶(紅茶)和艾草茶,另有東亞各地茶款。店內空間開闊舒適,玻璃帷幕延攬城市樓宇為景。

맥파이앤타이거 성수티룸
MAP P.179 C-2 ☎0507-1306
-1629 ⋒城東區聖水2路97 5F
⏰12:00～21:30 🔒週一 ● 地
下鐵2號線聖水站3號出口步
行1分鐘〔聖水〕
📷 magpie.and.tiger

＼ 茶點配這個! ／
Ⓐ艾草拿鐵₩6800,
牛奶可以換成豆漿 Ⓑ
巴斯克乳酪蛋糕,原味
(左)、紅豆抹茶
(右)一份₩7800。

Ⓐ

Ⓑ

❶新沙還有採預約制的分店。聖水分店則致力於提供更輕鬆的飲茶體驗,全座位皆有電源,平時就能抱著輕鬆的心情上門 ❷老闆Kim Semi女士 ❸河東艾草茶₩8000、雲南紅茶磅蛋糕₩5300 ❹店面位於5樓,頂樓還有露天座位。

Best time!
14:00
推開門就會感到幸福的
獨立書店
讓人留連忘返的
書店！

樂趣足以跨越語言隔閡
超有個性的獨立書店

首爾有許多販售小型出版品的小書店，店裡陳列的品項都反映出老闆的喜好和哲學，也營造出獨特而迷人的氛圍，吸引客人屢次上門。來書店不只能買書，待在書店的時光本身就是一件愉快的事情。而這裡介紹的THANKS BOOKS和your-mind，是帶我認識韓國小型出版品的口袋愛店，兩間店都很注重視覺設計，藏書也很豐富，就算不懂韓文也能充分享受。

Ⓐ THANKS BOOKS
땡스북스

知名設計師李起燮於2011年創立的書店，以「在地人的愛書」為主題策展，店內書籍類型豐富，有藝術、文學、小誌（ZINE）等等。

鄰近知名美術大學
弘大知名書店

(MAP) P.179 C-5 ☎02-325-0321 🏠麻浦區楊花路6街57-6 ⏰12:00~21:00 🔒無休 🚇地下鐵2、6號線合井站5號出口步行5分鐘〔合井〕📷 thanksbooks

書櫃設計成客人容易拿起書試閱的高度 ①徽章₩5000 ②THANKS BOOKS十週年紀念散文集₩1萬3500 ③按不同主題呈現各種攝影師作品的VOSTOK ₩1萬7000。

⭐⭐⭐ THANKS BOOKS的老闆也於建大策辦書店咖啡廳index（📷 indexshop.kr）。

店面雖小
類型齊全

別冊附錄
별책부록

選書以攝影集和藝術書籍居多，對不懂韓文的人來說相對親民。店裡也有販售托特包和文具。

(MAP) P.173 C-3 ☎070-4007-6690 🏠龍山區新興路16街7 ⏰13:30～19:30、週六、日～18:00 🔒週一 ◉地下鐵6號線綠莎坪站2號出口步行19分鐘〔解放村〕◎ byeolcheck

①紀錄首爾2017年～2020年點滴的攝影集₩2萬 ②以1988年首爾奧運設計和相關物品為主題的攝影集《88 Seoul》₩2萬 ③主題是和動物一起生活、與動物共存的雜誌《Mellow》₩1萬7000。

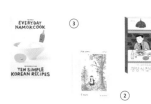

①描繪韓國西餐廳的美食漫畫隨筆集₩1萬6000 ②黑貓Mo的圖畫故事書《Mo Story》₩2萬2000 ③韓國家庭料理食譜書₩2萬8000。

your-mind
유어마인드

獨立書店
的先驅

這家書店兼出版社成立於2009年，最早僅採取線上活動，2017年從弘大搬遷到延禧洞。店面位於綜合商業透天的2樓，與咖啡廳和服飾店等其他商家比鄰。

(MAP) P.178 D-1 ☎070-8821-8990 🏠西大門區延禧路11La街10-6 2F ⏰13:00～20:00 🔒週二 ◉機場快線／地下鐵2號線弘大入口站3號出口步行20分鐘或搭計程車9分鐘〔延禧洞〕◎ your_mind_com

向咖啡廳租借野餐裝備
到漢江野餐

氣候溫和的春季與秋季，適合到漢江河岸悠閒一下。現在還有許多店家提供整套野餐裝備租借服務。

1 **2** Café basique（P.77）的雙人套餐unique set B type，含三明治和飲料₩3萬3000 **3** 還有附遮陽傘的戶外桌位 **4** 還有BHC炸雞店和便利商店。

纛島漢江公園
뚝섬한강공원

聖水附近的最佳野餐地點

漢江公園位於首爾東部，介於蠶室公園和永東大橋之間，園內有許多設施，如戶外游泳池、攀岩牆、圓筒形的綜合觀景設施等等，男女老幼都能玩得盡興。

(MAP)P.182 F-5 ♠廣津區津江北路139 ♢24小時 ♠無休 ♥地下鐵7號線纛島遊園地站2號出口步行1分鐘〔聖水〕

大家都在排拉麵！

┌─ Picnic Point ─┐
☑ 鄰近熱鬧的聖水，交通方便
☑ 河邊樹蔭多，隨時能乘涼
☑ 附近還能租借時尚野餐裝備組

☆ ☆ ☆ 附座椅的野餐裝備組會裝在推車上，推起來很重，移動時務必小心路上行車！

TIPS FOR PICNIC

Café basique
카페 베이지크

出租專業野餐裝備組

這間店距離轟島漢江公園中心地帶（有BHC炸雞店和便利商店的區域）步行10分鐘，提供不同類型的野餐裝備組，每種類型的配件和裝備內容都不同，2人份₩1萬6000起。

MAP P.182 E-4 ☎0507-1351-9020 🏠廣津區轟島路24街21 ⏰11:00〜20:00 🔒逢週日休 📍地下鐵7號線轟島遊園地站1號出口步行9分鐘〔轟島〕 @cafe_basique

還可以選擇喜歡的毛巾與人造花

野餐裝備組需透過私訊或Kakao Channel（Instagram個人檔案中有連結）預訂，請告知店家使用日期和所需內容。另提供僅包含飲料、墊子、籃子等基本設備的簡單套組。

挑戰自製漢江拉麵！

注入熱水開始調理

在便利商店買好泡麵後現煮現吃。

公園內也可以租借墊子和帳篷，但比較簡易。喜歡時髦一點的人，比較推薦去轟島漢江公園。

Picnic Point
☑ 可以遠眺對岸的N首爾塔
☑ 樹蔭較少，較多人會搭帳棚
☑ 電視劇裡經常出現的場景

汝矣島漢江公園
여의도한강공원

可以遙望對岸首爾塔的市民公園

這裡是漢江沿岸公園中特別受歡迎的一處，春天有櫻花祭、夏天有夜市、秋天有煙火秀、冬天還有滑雪場，一年四季都很熱鬧。

MAP P.173 A-3 🏠永登浦區汝矣東路330 ⏰24小時 🔒無休 📍地下鐵5號線汝矣渡口站3號出口步行2分鐘〔汝矣島〕

近幾年接連冒出
新商家與咖啡廳

地下鐵4號線新龍山站～三角地站周邊愈來愈熱鬧了。BTS所屬經紀公司HYBE的辦公大樓就在這裡，因此許多粉絲對這一帶也是熟門熟路。而取自該區名稱的「龍理團路」周邊也聚集了許多有特色的店鋪。

Best time!
15:00

那間大公司就在這裡！
龍山必逛景點
絕不錯過

選書以照片為主題

英國建築師操刀設計

B pixel per inch
픽셀 퍼 인치

提高生活解析度的獨立書店

販賣許多相片主題雜貨與出版品，例如韓國攝影師創作的攝影集、舊底片鑰匙圈。杯墊、卡片一件₩3500、nu thanks鑰匙圈₩2萬5000。

MAP P.181 C-2 ☎010-8589-7403 ♥龍山區漢江大路54街7 301號 ⏰13:00～19:00、週六、日13:00～19:30 ●週一 ♥地下鐵4、6號線三角地站3號出口步行1分鐘 @ pixel.per.inch

A AMORE PACIFIC總公司
아모레퍼시픽 본사

有藝術館、咖啡廳，還有美妝店！

這裡雖然是大型美妝公司的辦公大樓，不過3樓以下都開放一般民眾參觀，2樓商店還可以試用、購買該公司旗下34個品牌的商品。

MAP P.181 B-3 ☎02-6040-2557（AMORE YONGSAN）♥龍山區漢江大路100 ⏰10:30～19:00（AMORE YONGSAN）●無休 ♥地下鐵4號線新龍山站2號出口步行1分鐘

★★★ 夢炭不開放預約。上午11點開始發放入場號碼牌，當天盡早上門吧。

⒟ 夢炭
몽탄

7
8
9
10

絕對值得等待的極品烤牛肉

起碼要排隊3小時的超熱門餐廳。最知名的餐點是事先用稻草烘烤過的大塊帶骨牛肋排和牛大排骨，1人份₩3萬2000（至少要點2人份）。
→P.135

⒞ LOFA SEOUL
로파 서울

國內外藝術家各領風騷

這家選物店展示著許多獨特的藝術品和桌面用品，例如磁鐵一件₩1萬3000。同一棟樓的4樓還有同一個體系的咖啡廳。

(MAP)P.181 A-5 ☎0507-1329-9843 🏠龍山區漢江大路7街10-11 5F ⏰13:00〜18:00、週六、日12:00〜19:00 🔒週一、二 📍京義中央線／地下鐵1號線龍山站1號出口、地下鐵4號線新龍山站3號出口步行10分鐘 📷 lofa_seoul

11
12
13
14
15
16
17
18
19
20
21

⒟

百年老屋新生店面

⒞

⒠

下午茶時光來份精緻糕點

Travertine
트래버틴

22
23
0
1

老舊獨棟改建而成的咖啡館

提供約6種手沖咖啡和特製甜點的咖啡廳，咖啡豆來自丹麥知名烘豆商「La Cabra」。濾泡式咖啡₩6800起。

(MAP)P.181 A-4 ☎070-8862-6003 🏠龍山區漢江大路7街18-7 ⏰12:00〜20:30（LO20:00）、週六、日10:00〜22:00（LO21:30）🔒無休 📍京義中央線／地下鐵1號線龍山站1號出口步行9分鐘 📷 travertine_cafe

⒠ SCOFF 三角地店
스코프 삼각지점

內用空間寬敞舒適

付岩洞人氣麵包店的分店，可以品嘗到英國老闆製作的道地麵包。柳橙香草蛋糕₩5000、奶酥拿鐵₩7000。

(MAP)P.181 C-2 ☎070-8822-1739 🏠龍山區漢江大路62街45-17 1〜2F ⏰11:00〜20:00、週六、日10:00〜21:00 🔒無休 📍地下鐵4、6號線三角地站3號出口步行5分鐘 📷 scoffbakehouse

▶▶韓醫學×室內設計

EATH Library
이스라이브러리

韓醫師監製的天然品牌。根據傳統韓醫學概念，推出天然成分的保養品和洗手露。

MAP P.185 B-2 ☎0507-1377-7002 🏠江南區島山大路17街31 ⏰11:00～19:30 🔒無休 ♀地下鐵3號線／新盆唐線新沙站8號出口步行10分鐘〔街路樹街〕 📷eathlibrary_official

室內設計師設計的簡練包裝也是一大特色。Ⓐ Advanced Nourishing Toner ₩4萬8000 Ⓑ Active Serum ₩11萬 Ⓒ Light Concentration Cream ₩4萬8000。

Best time!
15:00

享受過去只能在線上欣賞的美學世界
美翻天的
K-Beauty 展銷中心

以下介紹5個品牌的展銷中心，在一座座精心體現品牌美學的空間，實際體驗各個品牌的產品。

▶▶展現品牌形象的午茶咖啡廳

TEAFFERENCE SEOUL
티퍼런스서울

這間店主打ISOI護膚系列產品中具抗氧化效果的紫茶「TEAFFERENCE」。也可以單純當咖啡廳坐坐。

MAP P.177 C-2 ☎02-745-1501 🏠鍾路區敦化門路61 ⏰11:00～22:00 🔒無休 ♀地下鐵1、3、5號線鍾路3街出口6、7號出口步行2分鐘〔鍾路3街〕 📷teafference_official

含有豐富花青素的紫茶₩6000。

11樓是咖啡廳。提供紫茶與各種調和茶，還有起司蛋糕 **2**處處可見藝術作品 **3**2樓是ISOI的商店，可以試用產品。還有寬敞的露台。

☆ ☆ ☆ AMORE PACIFIC的「TONEWORK」也有粉底版本，可至龍山總公司（P.78）的商店購買。

AMORE 聖水
아모레 성수

韓國代表性化妝品製造商AMORE PACIFIC的展銷中心。汽車修理廠翻新的空間別有一番風情，而且開放試用約1600種產品。

(MAP)P.182 D-2 ☎02-469-8600 🏠城東區峨嵯山路11街7 ⏰10:30～20:30 ☖週一 ♥地下鐵2號線聖水站2號出口步行3分鐘〔聖水〕
📷 amore_seongsu

可以買到配合膚色客製化的「TONEWORK」（P.65）唇膏。Vegan 365+液態唇膏（4.5g）₩3萬多。

1 可以自由嘗試任何感興趣的化妝品！**2** 中庭打造出濟州島原生森林意象的景到 **3** 建築物本身也很有時尚感 **4** 還有提供卸妝區。

Ⓐ打造絲滑感肌膚的氣墊粉餅₩3萬4000 Ⓑ妝感潤澤不黏膩的液態亮澤唇彩₩1萬9000 Ⓒ含2種不同質地的腮紅，一件₩2萬9000。

AMUSE漢南展銷中心
어뮤즈 한남 쇼룸

AMUSE的首間旗艦店，全商品開放試用。活潑迷人的店面裝潢也呼應純素美妝品牌的精神，裝飾著各種植物和花卉。

(MAP)P.180 E-3 ☎02-796-2527 🏠龍山區梨泰院路55Ga街49 3F ⏰11:00～20:00 ☖無休 ♥地下鐵6號線漢江鎮站1號出口步行8分鐘〔漢南洞〕📷 amuse

展銷中心開幕紀念商品「Chou Velvet Tint」限量色「Hannam Rose」₩2萬。

hince 漢南
힌스 한남

hince在日本也非常受歡迎，而這裡正是該品牌的旗艦店。店內擁有品牌全系列商品，購物就送漢南店獨家禮品袋。

(MAP)P.180 E-3 ☎02-2135-3031 🏠龍山區梨泰院路49街14-2 ⏰11:00～20:00 ☖無休 ♥地下鐵6號線漢江鎮站1號出口步行7分鐘〔漢南洞〕📷 hince_official

Maison kitty bunny pony Seoul
메종 키티버니포니 서울

韓國織品購物首選！

這個織品品牌成立於2008年，此處是
該品牌的展銷中心。產品含背包、化妝
包、靠枕套、寢具、窗簾等多種織品。

(MAP)P.179 B-4 ☎02-322-0290 🏠麻浦區世界
盃5街33-16 🕚11:00～19:00 🔒週一 🚇地下鐵
2、6號線合井站8號出口步行6分鐘（合井）
📷 kittybunnypony

織品

❶ 靠枕套價位落在
₩2萬～3萬 ❷ 許多
商品的圖案都是象徵
品牌的兔子，例如束
口袋₩1萬6000 ❸
還有床包和枕頭套
❹ 獨棟改建的寧靜
空間。

產地採購，讓家裡變得更可愛！

韓國家居用品 & 廚房雜貨

別錯過備受矚目的韓國家居品牌和商家！

最受歡迎的生日蛋糕盤一件₩3萬8000（上）。
每個盤子的圖案都有些許的不同，這正是手繪的魅
力。由於圖案很脆弱，清洗時不能使用洗碗機，手
洗時也務必輕柔。

JANE MARCH MAISON
제인마치메종

餐具

宛如來到巴黎的生活風格選物店

許多採用三色旗和巴黎等法國元素的原創設
計餐具都很受歡迎。馬克杯（小）₩3萬
8000。

(MAP)P.183 C-3 ☎02-547-3217 🏠城東區
聖水1路3街8 🕚11:00～18:00、週日12:
00～ 🔒無固定公休日（請見Instagram公
告）🚇水仁・盆唐線首爾林站2號出口步行
6分鐘（聖水）📷 janemarch_maison

⭐⭐⭐ Samuelsmalls位於地下室。雖然建築外觀看似沒有商家，不過別擔心，跟著箭頭走就會抵達。

7

8

9

10

12

13

15

16

17

18

19

20

21

22

23

0

1

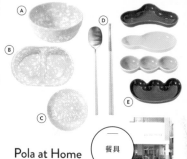

Pola at Home
폴라앳홈

餐具

找找可愛又方便的餐具

這間店有許多設計簡約又帶點童趣的餐具，無論盛什麼都好看。韓式筷子和湯匙也是不錯的伴手禮。

MAP P.183 C-1 ☎02-466-2026 🏠城東區聖水1路10街11 ⏰12:00～18:30、週六14:00～18:30 🚫週日 🚇地下鐵2號線聖水站1號出口步行7分鐘〔聖水〕
📷 polaathome_store

Ⓐ傳統美耐皿餐具換上時尚色彩。碗₩6500 Ⓑ雙格盤₩7500 ⓒ盤子（22cm）₩1萬500 Ⓓ湯匙筷子組₩1萬1000 Ⓔ小碟子組₩2萬9900。

Best time!

15:00

Ⓐ襪子品牌socks appeal聯名厚襪，一雙₩1萬4000 Ⓑ懷舊鑰匙圈和徽章₩11萬。

Samuelsmalls
사무엘스몰즈

老件

光用看的就很有趣！

以世紀中期現代主義家具和老件為主的選物店，店面很像一座倉庫，逛起來有種尋寶的感覺，令人不禁興奮起來！

MAP P.182 D-2 ☎0507-1351-3937 🏠城東區練武場5Ga街25 SKV1 TOWER B107號 ⏰11:00～18:00、週日13:00～18:30 🚫無休 🚇地下鐵2號線聖水站3出口步行2分鐘〔聖水〕 📷 samuel_smalls_

1 整面牆都是商品！有韓國寵物用品品牌FRESH PLUSH的玩具，還有西班牙品牌Eat My Socks的襪子 **2** 許多商品設計都很活潑 **3** 也有賣老電影的海報。

Best time! 15:00

遇見命中注定的那一件

3間韓國雜貨
選物店

逛逛獨樹一幟的選物店，
每間店都集結了老闆的哲學與愛！

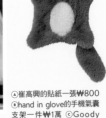

IN THE **Afternoon** (14:00-17:00)

One More Bag
원모어백

可愛包包與雜貨的天國！

主要販售托特包、化妝包等布包的選物店，最難得的是還能在這裡找到網路品牌的商品。另售有韓國創意文具、雜貨。

MAP P.175 B-2 ☎070-7768-8990 🏠鍾路區弼雲大路6-1 2F
⏰12:00～19:00 🔒週二 🚇地下鐵3號線景福宮站1號出口步行5分鐘〔西村〕
📷 onemorebagkr

包包、雜貨、文具 & more

Ⓐ崔高興的貼紙一張₩800 Ⓑhand in glove的手機氣囊支架一件₩1萬 ⒸGoody Buddy的馬克杯一件₩2萬1000 Ⓓae shoong的馬克杯₩1萬6000 Ⓔhozumi的鑰匙圈₩1萬4800 Ⓕhozumi的化妝包₩3萬 Ⓖovuni₩3萬3000 Ⓗhookka hookka studio的提袋₩2萬3000 Ⓘminmin的提袋₩2萬5000 ⒿNot the Same studio的提袋₩3萬 ⓀESTODUS束口袋₩4萬2000 Ⓛbright room.的擺飾一件₩1萬2000。

☆☆☆ 日本現在也有object了！object已於2023年4月在名古屋開設了日本第一家分店！

1 3 2020年從piknic（P.41）遷移至現址 **2** 採訪當天碰巧遇到人氣創作者STEADINARY（聽說他以前也在這裡工作！）的快閃活動。

雜貨、文具
陶器、包包
& more

KioskKiosk
키오스크키오스크

平面設計師精選好物

旨在「介紹你我身邊的創作者與品牌，增進每一天的樂趣」，超過1000件商品都是老闆精挑細選，從文具、包包、陶器到小型出版品，應有盡有。

(MAP)P.183 B-2 ☎070-7700-0626 🏠城東首爾林2街18-144 2F ⏰12:30～19:30、週日12:00～19:00 🔒週一 ♀水仁・盆唐線首爾林站5號出口步行9分鐘〔首爾林〕
📷 kioskkioskshop

Ⓐ曾替Red Velvet MV設計服裝的TIRORISOFT，也有迷你玩具燈作品₩5萬5000 Ⓑbright room.的筷架一件₩1萬 Ⓒ流動藝術家Oh Si Young的鑰匙吊飾₩1萬7000 Ⓓ鑰匙吊飾₩7000 ⒺA PEACE OF APPLE的迷你地墊一張₩5萬5000。

雜貨、文具
快閃活動
& more

object 西橋店
오브젝트 서교점

商品琳琅滿目的3層樓店面

object是經銷在地藝術家作品的選物店先驅。三清洞、首爾林、釜山也有分店。

(MAP)P.178 D-4 ☎02-3144-7738 🏠麻浦區臥牛山路35街13 ⏰12:00～21:00 🔒無休 ♀機場快線／地下鐵3號線弘大入口站7號出口步行4分鐘〔弘大〕
📷 insideobject

Ⓐ SOSO STUDIO SOSO FACE黑色化妝包₩1萬8000 Ⓑ Ⓒ人氣插畫家崔高興的角色化妝包一件₩2萬2000 Ⓓ蘋果皮造型的zagne設計紙膠帶₩8300 Ⓔ崔高興的護身符（100款入）₩4萬8000。內含100張留言卡，每張卡都寫了令人會心一笑的一句話，例如「想起原本忘記的事情」、「肌肉最棒」、「我眼中只有正確答案」。

Best time!
15:00

熱天、冷天都要吃！
透心涼的韓國
刨冰＆義式冰淇淋

滋味甘甜的牛奶刨冰₩7900。年糕和紅豆會裝在另外一個小盤子，可以自行加在牛奶刨冰的上面。

\ 來韓國必吃 /

韓國刨冰

在韓國最受歡迎的刨冰口味是紅豆年糕刨冰。質樸的味道怎麼樣也吃不膩！

淋上特製酸甜草莓糖漿的新鮮草莓刨冰₩1萬5000（1人份）。

不同季節也有特殊口味，如金柑×蜂蜜優格₩1萬2000（1人份）。

總店位於付岩洞

紅豆刨冰₩1萬（1人份）。黃豆粉和顆粒飽滿的紅豆是刨冰料的黃金組合。

Ⓒ ZENZERO 島山
젠제로 도산

刨冰與葡萄酒的有趣組合

這間刨冰店與義式快餐店共用店面，提供單杯葡萄酒搭配精緻的義式冰淇淋。

MAP P.185 C-1 ☎0507-1447-1416 🏠江南區島山大路45街18-2 B1 ⓘ12:00～21:00 🈺無休 ♥水仁‧盆唐線狎鷗亭羅德奧站5號出口步行10分鐘〔狎鷗亭〕

◎ zenzero.seoul

Ⓑ Boobing 北村店
부빙 북촌점

也有提供份量一半的單人餐

由一對留學日本時愛上刨冰的姐妹共同經營，提供約10種以當季蔬果製作的刨冰。

MAP P.177 B-1 ☎02-747-8288 🏠鍾路區北村路7街3-4 ⓘ13:00～18:00（LO17:30）🈺週一 ♥地下鐵3號線景福宮站2號出口步行5分鐘〔北村〕◎ ice_boobing

Ⓐ 麥田冰店
호밀밭

多年來人氣不減的學區冰店

這間刨冰店位於新村和梨大之間，除了經典的牛奶刨冰，也有綠茶和咖啡口味的刨冰。

MAP P.178 E-3 ☎02-392-5345 🏠西大門區新村路43 ⓘ12:00～22:00（LO21:30）🈺無休 ♥地下鐵2號線新村站3號出口步行9分鐘〔新村〕

⭐⭐⭐ 高級飯店的咖啡廳夏天也會推出限量刨冰，其中新羅飯店的蘋果芒果刨冰特別有名（不過要價超過₩9萬……）。

除了必吃的韓國刨冰
現在也流行義式冰淇淋！

韓國冰品的代表非韓國刨冰莫屬，除了傳統的紅豆冰，也有各式各樣的新奇口味，近年義式冰淇淋店更是如雨後春筍般冒出。尤其值得試試看艾草、馬格利等韓式特色口味。

＼ 名店崛起中！ ／

義式冰淇淋

無論想吃道地的義式冰淇淋，還是結合韓國材料的特色冰淇淋，以下推薦的店家都能獲得滿足。

左：番茄雪酪＋羅勒牛奶（附一小球芒果冰），右：榧糖牛奶＋艾草（附一小球多穀茶冰）。

滸苔焦糖＋米香口味，1人份杯裝₩7000。

使用義大利產的開心果。Pietra Bronte Pistachio ₩9000。

上面放了滿滿榛果的 Piemonte Hazelnut ₩8000。

起司義式冰淇淋、橄欖果凍搭配氣泡酒₩1萬8000。

淋上橄欖油的起司口味 Vanilla Manchego ₩8000。

Ⓔ PIETRA.
피에트라

還有提供寵物吃的冰淇淋！

老闆因為熱愛義式冰淇淋，毅然決然辭去原本的工作，自行創業，使用優質食材創作出許多極具特色的義式冰淇淋。

[MAP] P.179 C-2 ☎0507-1337-5863 🏠麻浦區城美山路23街62 ⏰12:00~22:00 🚫週一 📍京義中央線加佐站4號出口步行8分鐘〔延南洞〕Ⓘ gelateria_pietra

Ⓓ aga gelato 聖水
아가젤라또 성수

擁有豐富的韓國特色口味

可選擇2種口味的杯裝冰淇淋，一份₩6000，上面還附贈一球小小的冰淇淋（每日口味不同），看起來就像戴了帽子一樣可愛。

[MAP] P.182 D-2 ☎070-8835-5533 🏠城東區練武場街41-19 B1 B101號 ⏰12:00~22:00 🈚無休 📍地下鐵2號線聖水站4號出口步行3分鐘〔聖水〕Ⓘ a.ga_seongsu

Ⓐ
草莓
₩4300

Ⓐ
開城
₩3900

裡面藏著用論山產草莓
製作的滿滿鮮奶油。

靈感取自韓國傳統炸年
糕「開城周樂」。

Best time!
15:00

爆紅過後成經典！
一定要嘗嘗看的
韓國甜甜圈

推薦大家去以下幾間充滿特色的熱門甜甜圈
店，品嘗鬆鬆軟軟的麵團、爆漿鮮奶油，外
表又可可愛愛的韓國甜甜圈。

Ⓐ

Ⓐ

包著鮮奶油的牛奶甜甜圈、香濃玉
米鮮奶油的玉米甜甜圈，一份₩
4300。飲料有柚檸氣泡飲和新鮮
草莓氣泡飲，一杯₩7200。另有
多種無酒精馬格利。

Ⓐ

MILK CREAM W3900、EARL GREY ₩3500。Ⓑ

☆☆☆ NICE WEATHER（P.29、P.59）的OLD FERRY DONUT分店也能吃到低溫熟成甜甜圈。

可愛的外帶盒。我們採訪時剛好是oioi聯名活動期間。

2021年至今引領潮流的熱門甜甜圈品牌。這間2023年3月開業的新大型分店佔地達340坪。

B

CLASSIC VANILLA
₩3500

B

CHOCO PUDDING
₩3900

Ⓐ DONUT JUNGSU 昌信店
도넛정수 창신점

韓國才有的馬格利甜甜圈

加了馬格利發酵的麵團柔軟Q彈。店內還可以俯瞰首爾的城市美景！

MAP P.176 F-1 ☎0507-1386-5775 🏠鍾路區昌信12街40 ⏰11:30～21:00 🔒無休 📍地下鐵6號線昌信站1號出口步行17分鐘〔昌信洞〕📷 donutjungsu

店內固定供應10種不同口味的甜甜圈，另有聯名商品或限時特殊口味，記得多留意消息。

B

Knotted World店限定的杯子蛋糕，一個₩5000。

Ⓑ Knotted World
노티드월드

可愛的笑臉就是註冊商標

甜甜圈質地細膩鬆軟、入口即化，搭配微甜的鮮奶油，平衡拿捏得恰到好處！

MAP P.172 F-4 ☎070-8873-9377 🏠松坡區奧林匹克路300 樂天世界購物城5F（F05～11號）⏰10:30～22:00（L O21:30）🔒無固定公休日（遵從樂天世界購物城的營業時間）📍地下鐵2、8號線蠶室站1、2號出口直達〔蠶室〕📷 cafeknotted

B

Knotted World店限定飲品微笑蜜桃冰沙₩5000。

一咬就滿出來的爆漿內餡

C

牛奶醬甜甜圈麵包₩3600，還有中間無洞的類型。

Ⓒ OLD FERRY DONUT 漢南店
올드페리도넛 한남점

低溫熟成造就軟嫩口感

這間店以法國小麥製作麵團，爆漿餡料也很有特色，2017年甫開幕馬上掀起話題。

MAP P.180 F-2 ☎02-6015-2022 🏠龍山區漢南大路27街66 2F ⏰11:00～20:00 🔒無休 📍地下鐵6號線漢江鎮站3號出口步行4分鐘〔漢南洞〕📷 oldferrydonut

香草牛奶₩4500、肉桂糖霜甜甜圈1個₩3700。

C

還有蛋糕甜甜圈。巧克力餅乾₩4500、白巧克力芝麻、藍莓各₩4300。

16:00

可愛到犯規的小物，錢包一個不小心就會失守……

迷得你**神魂顛倒的創作者品牌**

很多韓國雜貨品牌在日本也很紅，許多產品都可愛到令人「失心瘋」。以下介紹三家各自擁有不同特色的商家。

選好布包和喜歡的布章後到櫃檯結帳。

也可以請店員幫忙，將布章貼在你希望的位置。

我全〜都想要！

迷人POINT

布章 × DIY

完成！

Ⓐ麵包造型的毛氈鑰匙圈₩4000。另售金屬配件₩400 Ⓑ漫畫書尺寸的漫畫風托特包₩1萬8000 Ⓒ布料鑰匙圈₩1萬 Ⓓ書本造型鑰匙圈₩6000。所有布章都需要另外加購。

1 布章1片₩600～4500。搭配不同韓文和數字可以創造出無限種組合！**2** 店內掛的招牌很有老市場的情調。**3** 基底布包的種類也很豐富。

object sangga
옵젤상가

製作自己的原創小物

由object（P.85）經營的布章專賣店，店內提供數百種布章，可以親手做出獨一無二的鑰匙圈、包包以及化妝包。

MAP P.178 D-2 ☎02-323-7778 ♠西大門區延禧美味路23 2F 7號 ⓒ12:00～20:00 🔒週一 ♀機場快線／地下鐵2號線弘大入口站3號出口步行20分鐘〔延禧洞〕 ⓘobject_sangga

☆ ☆ ☆ object sangga也有進駐無印良品江南店和時代廣場店，可以將布章貼在無印良品產品上。

迷人POINT

傳統圖案
×
迷你設計

1 2進門後用智慧型手機掃描QR碼連上網站，輸入自己想購買的商品編號，再至收銀台結帳**3 4**也有賣線香座和包包。

OIMU
오이뮤

換上現代面貌的火柴與線香！

OIMU是一個生活風格品牌，旨在將傳統物品重新設計成現代風格，串聯今昔價值。現在品牌也有進駐複合文化空間「LCDC SEOUL」的3樓。

(MAP)P.182 E-3 ☎02-3409-5975 ♠城東區練武場17街10 LCDC SEOUL A 305 ◎12:00～20:00，週六、日12:00～19:00 ♠週一 ♀地下鐵2號線聖水站3號出口步行8分鐘〔聖水〕
◎ oimu_fruitfield

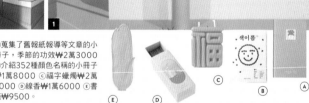

Ⓐ蒐集了舊報紙報導等文章的小冊子，季節的功效₩2萬3000 Ⓑ介紹352種顏色名稱的小冊子₩1萬8000 ⓒ福字蠟燭₩2萬9000 Ⓓ線香₩1萬6000 Ⓔ書籤₩9500。

迷人POINT

老件
×
花俏雜貨

THENCE
덴스

復古&流行商品一籮筐

店名的意思是「從那裡」，意涵為「日常中的小小開始」，販售各種文具、雜貨和時尚單品。

(MAP)P.176 D-2 ☎02-766-6926 ♠鍾路區栗谷路185 ◎週二、三12:00～19:00，週四～六14:00～19:00 週日、一 ♀地下鐵4號線惠化站3號出口步行12分鐘〔大學路〕
◎ thencestudio

Ⓐ可以收藏換集式卡牌的卡牌簿₩1萬6000 Ⓑ心形吊墜鑰匙圈₩8500 ⓒ可以掛在包包上的可愛泰迪熊鑰匙圈₩3萬5000 Ⓓ讓人想隨身攜帶的心形鏡子₩6000。

16:00

古老石牆周圍的熱門路段

傍晚後熱鬧起來的
西巡邏街

宗廟是韓國的世界遺產，供奉著朝鮮王朝歷代君王和王后。循著宗廟石牆延伸的小路「西巡邏街」周邊也有不少氛圍不錯的店家。

1 無酒精馬格利還有條糕（長條狀年糕）的套餐SASA Plate ₩9300。以古色古香的器皿和矮桌都提供餐點 **2** 1樓和2樓都有座位 **3** 咖啡廳建築為前幾年新建的韓屋。

Ⓔ HERITAGE CLUB
헤리티지클럽

揉合韓屋元素的裝潢

這間咖啡館兼酒吧於2020年4月開幕，外觀以典雅的黑色為主調，門後則是一座保留韓屋屋頂和柱子結構的古樸空間。

(MAP)P.177 C-2 ☎0507-1338-9658 ♠鍾路區西巡邏街75 ◷12:00～23:00（LO22:30）🔒無休 ♥地下鐵1、3、5號線鍾路3街站7號出口步行4分鐘 ⊙heritage_clubb

Ⓓ fikee
파이키

用溫暖迎接「探險家」的書店咖啡廳

店名是finders keepers的縮寫，以書籍和飲品親切地迎接訪客，帶給訪客小小的發現和寧靜。

(MAP)P.177 C-2 ☎0507-1412-0282 ♠鍾路區西巡邏街81 ◷10:00～22:00、週日、一0:00～19:00 🔒無休 ♥地下鐵1、3、5號線鍾路3街站7號出口步行4分鐘 ⊙fikee.seoul

1 **5** 每個座位都有設定的主題，如「思索」、「資本」，店員會挑選符合主題的書籍展示，喜歡也可以直接買回家 **2** fikee拿鐵₩6000 **3** 氣泡茶₩7000 **4** 下午2點出爐的蜂蜜蛋糕₩7500。

☆ ☆ ☆ 西巡邏道因位於過往宗廟周邊的巡邏廳西邊而得名。這裡也是知名的銀樓集散地。

Ⓐ CAFE SASA
카페 사사

以現代手法重組傳統元素的韓屋咖啡廳

店名源自於西巡邏道上行道樹枝葉婆娑的聲音，氣氛相當靜謐。

(MAP) P.177 C-2 ☎02-762-7001 🏠鐘路區西巡邏街147 ⏰12:00〜20:00（LO19:00）🔒無休 ❤地下鐵1、3、5號線鐘路3街站7號出口步行8分鐘
ⓘ sasa_seoul

Ⓑ SEOUL GYPSY
서울집시

掀起西巡邏道觀光潮的第一家店

這是獨立啤酒廠直營的啤酒吧。他們很早就注意到這條隨著太陽下山而一片漆黑的街道，2017年開業，從此開始吸引講究生活品質的顧客前來。
→P.133

西巡邏道　서순라길

3

2

4

2

1

C

D

E

Ⓒ 我們的酒館 松鼠
우리술집 다람쥐

創意韓國料理搭配傳統酒

鑽研傳統韓國料理的主廚，巧手創作出許多精緻創意料理，並提供搭配的韓國傳統酒。這間店比較小，建議2人前往，最多不超過4人。

❶ 老闆兼主廚Sin Soha **❷** 芹菜蝦煎餅₩1萬9000。混合豬血、糯米等製成的炸豬血腸₩2萬2000，馬格利（瓶裝）₩3萬2000。

(MAP) P.177 C-2 ☎070-4258-8880 🏠鐘路區西巡邏街101 1F ⏰17:00〜23:30（LO 22:30）、週六、日16:00〜23:30（LO 22:30）🔒週一 ❤地下鐵1、3、5號線鐘路3街站7號出口步行5分鐘 ⓘ daramgee_official ※4人以上團體需事先預約

3

4

5

❶❷ 店面施工期間意外發現混凝土牆內藏著老韓屋的結構，於是加以保留、修繕，融入室內裝潢的一部分 **❸** 杏仁巧克力餅乾₩3500 **❹** 原味司康套餐₩5000 **❺** 蘋果肉桂拿鐵₩6000。

就算沒看劇也值得朝聖一下！
韓劇裡面出現的美食餐廳

就算沒看劇也值得朝聖一下！
韓劇裡面出現的美食餐廳

第1季第4集李翊晙和羽朱一起吃飯的地方

那爸爸就是羽朱狂？

《機智醫生生活》曹政奭等人

Ⓐ劇中常出現的贊助商家。羽朱點的是酪梨狂♡

Ⓐ右起：酪梨狂5400、冬天喜歡的培根雙重起司5000、羽朱替翊晙選的火腿起司街頭吐司 4900。

\早餐與早午餐/

咖啡廳&吐司

카페 & 토스트

劇中也時不時會出現這座屋頂與店家外觀

《梨泰院Class》朴敘俊等人

Ⓑ劇中甜栗二號店的場景就是這一間早午餐咖啡廳兼酒吧。

Ⓑ本身是知名景觀咖啡廳。餐點選擇豐富，早午餐盤 1萬9000、啤酒一瓶9000起。

劇中2人就是在這邊的櫃台點餐

CAFE 爺爺工廠的氣泡飲 ₩8000起

韓劇《黑道律師文森佐》宋仲基、全余贇

Ⓒ宋仲基飾演的文森佐和全余贇飾演的車瑛在第4、第5集造訪的店家。美麗的店內成了劇中背景。

Ⓐ EGG DROP
江南店
에그드랍 강남점
(MAP)P.185 B-5 ☎0507-1469-8834 ♀江南區江南大路55街24 1F ⏰7:00～22:00（LO21:30）
🔒無休 🚇地下鐵2號線／新盆唐線江南站6號出口步行3分鐘〔江南〕

Ⓑ URBAN CLIFF
어반클리프
(MAP)P.173 C-3 ☎0507-1399-5252 ♀龍山區新興路20街43 ⏰1、3樓12:00～22:00（LO21:30）、2樓BAR17:00～凌晨0:30（LO凌晨0:00）🔒無休 🚇地下鐵6號線綠莎坪站3號出口步行26分鐘〔解放村〕
📷urbancliff_

Ⓒ CAFE 爺爺工廠
카페 할아버지공장
→P.107

094

無數電影與電視劇
都來拍過的名店

Ⓒ右起：三鮮炒碼麵 1
萬2000、糖醋豬肉
（小）2萬8000。

《你喜歡布拉姆斯嗎》
金旻載、金聖喆等人

Ⓓ第9集金旻載和金
聖喆對話的場景。

午餐也要朝聖
\ 劇中場景♪ /

麵食

면류 👆

Ⓓ這座復古風格的店
面經常出現於影視作
品。牆上掛滿了藝人
的簽名。

不少藝人也經常光顧。冷麵₩1萬4000

《浪漫的體質》
千玗嬉、安宰弘

Ⓔ安宰弘飾演的孫範秀最
愛吃平壤冷麵。他在這家
店大談對冷麵的熱愛，我
們深有同感！

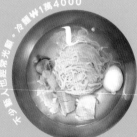

Ⓓ 永和樓
영화루
→P.62

Ⓔ 真味平壤冷
진미평양냉면
MAP P.185 C-2 ☎02-515-3469
🏠江南區麵鶴洞路305-3 🕚11:00～
21:30（LO21:10）🔒無休 ◉地下鐵7
號線鶴洞站10號出口步行7分鐘（鶴
洞）

《無法抗拒的他》
韓韶禧等人

Ⓕ最後一集，韓韶禧飾演
的娜比和朋友就是在這裡
喝酒。

最後一集韓韶禧
總坐在這個位子

晚上就到韓韶禧
去過的店！
\

微醺好店

술집 👆

今日熟成生魚片₩3萬9000

Ⓕ第5集，光娜和圭顯的
吻戲也是在這裡拍的♡

Ⓕ右：韓國甘草藥燒酒
6000、左：傳統的朝鮮
酒造史 9000。

Ⓕ 魚缸路
어항로
→P.147

電視劇中的饗宴

K-POP TIPS

有韓流主題商店，也有體驗當偶像的攝影棚！

經紀公司官方商店

아티스트 공식 굿즈샵

到經紀公司經營的官方商店
沉浸在演藝圈的世界

SM娛樂公司的地下1樓為官方直營店KWANGYA@SEOUL，店內有獨一無二的拍貼機、拍攝照片設計相框。YG娛樂則位於公司前方，店內附設的咖啡廳會不定期舉辦有趣的活動，例如在旗下藝人生日當天發放限量貼紙。雖然日本網路上也能買到他們家的商品，但親自到場才能體驗到演藝圈的氛圍！記得抓準心儀藝人的回歸時間，親自一探究竟。

the SameE
더세임

(MAP)P.179 B-5 ☎02-332-2030 🏠麻浦區喜雨亭路1街6-3 ⊙B1商店10:00～20:00、1～2F咖啡廳～21:00（LO20:30）🚫無休 🚇地鐵2、6號線合井站8號出口步行8分鐘〔合井〕📷 thesamee_official

KWANGYA@SEOUL
광야＠서울

(MAP)P.183 B-2 ☎02-6233-6729 🏠城東區往十里路83-21 B1 ⊙10:30～20:00（結帳服務至19:50）🚫無休 🚇水仁．盆唐線首爾林站9號出口步行1分鐘〔首爾林〕📷 kwangya_seoul

---

概念沙龍照

컨셉 촬영

在攝影棚裡體驗
當K-POP偶像的感覺!?

這座攝影棚提供正式表演服裝與頭戴式耳麥等小配件，能讓我們拍得跟偶像一樣！攝影棚提供幾種不同主題的沙龍照，記得和店家討論自己的期望。

Reverie Studio
리브리에스튜디오

(MAP)P.183 B-1 ☎010-3667-6127 🏠城東區往十里路5街11 5F ⊙10:00～21:00 🚫無休 🚇水仁．盆唐線首爾林站出口步行5分鐘〔首爾林〕📷 reverie__studio〔費用〕C方案Premium ₩50萬（含6張修飾的照片＋原照、妝髮、主題服飾1套附飾品、配件）

還可以製作姓名貼

大創

다이소

不只是買紀念品的好去處
也是追星活動的補給站！

大創可以買到裝人生四格照的護套，還有卡套費用鑰匙圈等可愛又實用的追星商品，店裡還有韓文姓名貼紙機，可以自行設計偶像的名字和照片，製作獨一無二的貼紙。

DAISO 明洞站店
다이소 명동역점

(MAP)P.175 C-4 ☎02-318-6017 🏠中區退溪川路134-1 ⊙10:00～22:00 🚫無休 🚇地鐵4號線明洞站、3號出口步行1分鐘〔明洞〕📷 daisolife

---

韓國娛樂產業體驗設施

K콘텐츠 체험관

還有值得拍照留念的
MV場景模擬拍照區

HiKR Ground
하이커 그라운드

(MAP)P.177 B-4 ☎02-729-9498 🏠中區清溪川路40 韓光公社1～5F ⊙10:00～19:00 🚫週一 🚇地下鐵1號線鐘閣站5號出口步行3分鐘〔鐘閣〕📷 hikrground_official

HiKR Ground是韓國觀光公社經營的韓國娛樂產業體驗設施。每個樓層都規劃了免費開放的主題區，包括模擬MV拍攝場景的拍照區。

SEOUL CAFE BOOK

서울카페북

**GREAT VIEW
HAN RIVER VIEW
TRADITIONAL STYLE
K-RETRO
RENOVATION
ARTISTIC DESSERT**

首爾
咖啡廳指南

精挑細選不同類型的咖啡廳，有能
夠一覽首爾的景觀咖啡廳，也有提
供獨創甜點的店家。

뷰맛집
Great view

景觀商家

ROOFTOP & SEOUL TOWER

到「뷰맛집（景觀商家）」
欣賞美景

可以遠眺首爾塔
盡享無死角景觀

屋頂座位
視野超開闊

1 4樓屋頂座位。解放村有不少景觀咖啡廳 **2** 點餐請到3樓 **3** 另售有原創商品 Ⓐ SEOUL SALT LATTE ₩7000 Ⓑ SHELTER SALT COFFEE ₩6500 Ⓒ 各種餅乾₩4200。

SHELTER
HAEBANG

셸터해방

地處南山山腳下，眼前就是N首爾塔！座位視野無礙，可以充分享受開闊景致。

MAP P.173 C-3
☎0507-1467-7050
🏠龍山區新興路11街49-12 11:00～21:00（LO20:30）、週六、日10:00～22:00（LO21:30）
🚫無休 🚇地下鐵6號線綠莎坪站2號出口步行21分鐘（解放村）
📷 shelter_haebang

TERRACE & CITY VIEW

坐在大銀杏樹廣場下
愜意地喝杯咖啡

1 設計事務所經營的咖啡廳，內部裝潢也相當漂亮。**2** 夏季能望嫩葉，秋季能賞紅葉，每個季節都有不同的風采。廣場也開放寵物入內 Ⓐ CAKE WITH CONFIT 藍莓₩8500 Ⓑ STAFF PICKS LATTE ₩6500。

Ⓑ Ⓐ

STAFF PICKS
스태픽스

這是一家選物店，也是一間咖啡廳。磚砌建築前方的露臺座位可以俯瞰西村（P.46）街景。

MAP P.175 B-2 ☎0507-1341-2055 🏠鐘路區社稷路9街22 102號 ⏰10:00～21:00 🔒每月最後一個週一 🚇地下鐵3號線景福宮站2號出口步行9分鐘〔西村〕📷staffpicks_official

處處展現攝影師老闆好品味的景觀咖啡廳

Ⓐ

這家咖啡廳的老闆是一名攝影師，店內擺了各國的攝影集 Ⓐ 加了一顆咖啡冰環的Brown Ring Latte ₩8000。

COMFORT
콤포트

這間咖啡廳所在的大樓內還有其他商店和畫廊。窗外景色很壯觀！還有屋頂座位區。

MAP P.175 C-5 ☎02-6324-0624 🏠龍山區Duteopbawi路60街45 ⏰11:00～21:00 🔒週一 🚇機場快線／地下鐵1、4號線首爾站11號出口搭計程車約5分鐘〔南山〕📷comfort.se oul

牛奶奶凍&檸檬果凍₩6000、粉紅奶茶₩7500。

歎 為 觀 止 的
優 美 裝 潢 與 河 景

1 4 老闆是室內設計師。店裡擺了老闆設計與挑選的傢俱，宛如一座藝術展間 **2** 手沖咖啡₩8500起 **3** 康普茶檸檬水₩8000。

TYPE HANGANG
타이프 한강점

位於河岸大樓的五樓，從大窗戶看出去可以欣賞漢江與高樓大廈的全景。店內擺了許多古董傢俱，優美的空間令人陶醉。

MAP P.173 A-3 ☎0507-13 22-2297 麻浦區土亭路西江8 gyeong大樓 5F ⏰12:00～22:00（LO21:30）、週六、日與國定假日10:00～ 無休 地下鐵6號線上水站3號出口步行7分鐘（上水）

type.hangang

한강뷰
Han river view
漢江風光
首爾地標「漢江」的周邊景點

SEOUL CAFE BOOK

坐在河岸咖啡廳
近距離欣賞漢江

俯瞰河川的
寬敞書香咖啡廳

無酒精雞尾酒

1 **2** 也有供客人安靜工作的樓層 **3** 洛神天惠香（一種柑橘）氣泡飲₩8000等等 **4** 店內書籍也開放購買。

1 漢江美景近在咫尺 **2** 右起：MULGYUL Mojito、MULGYUL Sangria一杯₩8000 **3** 玻璃帷幕咖啡廳。

Check Grow
채그로

店面分別位於大樓2、6、8、9樓的書香咖啡廳，每個樓層的座位類型和用途都不盡相同，往窗外一望就能欣賞到麻浦大橋和漢江的壯闊景色。

MAP P.173 B-3 ☎0507-1341-0325 ♠麻浦區麻浦大路4Da街31 2F、6F、8-9F ⏰9:30～21:30 🚇地下鐵5號線麻浦站4號出口步行8分鐘〔麻浦〕 ⓞ check_grow

MULGYUL HANGANG
물결 한강

MULGYUL的意思是「波浪」，這間店的長椅和標誌也設計成波浪的造型。店面位於漢江河岸，感覺像一艘漂浮在漢江上的船。

MAP P.173 A-5 ☎0507-1351-9138 ♠麻浦區渡口街296 ⏰11:00～22:00（LO21:30）✖週一 🚇地下鐵6號線麻浦區廳站1號出口搭計程車8分鐘〔麻浦渡口〕 ⓞ mulgyul_hangang

韓國傳統美學
結合現代美感

Ⓐ
Ⓑ

老闆曾為時尚圈人士，2020年自行創業
Ⓐ三明治₩1萬多 Ⓑ特調拿鐵₩6500。

ATELIER HARMONY
아뜰리에하모니

70～80年前韓屋翻新而成的店面，陳
設了許多老件傢俱，形成傳統與現代元
素和諧共存的美感。

MAP P.174 F-1 ☎02-6082-
7771 🏠城北區普門路77-1 ⏰
9:30～18:00（LO17:50）
🛌週四 🚇牛耳新設線／地下
鐵6號線普門站7號出口步行5
分鐘〔普門〕
📷 atelier_harmony_official

한옥카페
Traditional Style

韓屋咖啡廳
傳統民宅改建的古樸空間，氣氛閒適宜人

SEOUL CAFE BOOK

熱鬧的弘大商圈也有
素雅的韓屋咖啡廳

Ⓑ

Ⓐ以傳統藥菓夾冰淇淋的甜點，
申李藥菓₩4800 Ⓑ五味子茶
（冰）₩7800。

Ⓐ

申李道家
신이도가

將1950年左右落成的韓屋改建成
熱門拍照聖地，每天開門前就有不
少遊客在排隊。

MAP P.179 C-4 ☎非公開 🏠麻浦區細橋路
20-12 ⏰10:00～21:00 🛌無休 🚇地下
鐵2、6號綜合井站3號出口步行8分鐘〔弘
大〕 📷 sinleedoga

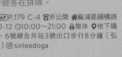

한옥카페

SEOUL CAFE BOOK

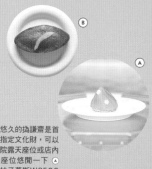

歷史悠久的挹謙齋是首
爾市指定文化財，可以
在後院露天座位或店內
窗邊座位悠閒一下 Ⓐ
艾草柚子慕斯₩8500
Ⓑ杏桃戈貢佐拉起司費
南雪₩340。

> 後院的露天座位
> 環境真舒服！

LOW ROOF
로우루프

這座咖啡廳緊鄰百年歷史韓屋
挹謙齋。無論店內窗邊座位或
露天座位，都能欣賞到美麗的
韓屋風光。

MAP P.177 B-1 ☎02-747-0709 🏠
鐘路區北村路46-1 ⏰10:00～20:
00（LO19:30）🚫週一 📍地下鐵3
號線安國站2號出口步行6分鐘〔北
村〕📷 cafe_lowroof

> 將百年歷史文化財
> 攬為窗外風景

K-Retro
韓國老時光

新舊元素並存的絕妙品味！
展現韓國獨特「老時光感」的咖啡廳

融合90年代美國與韓國在地特色

SEOUL CAFE BOOK

所有甜點都是店家親手製作

照片右起：香菜冰₩7500、香蕉布丁蛋糕₩6800、濾泡咖啡₩5000起。店內還有卡帶式錄放音機，播著1990年代的韓國歌謠。

Sick Cat Sign
식캣사인

據說貓生病時會捲成一團，靜靜地休養，而老闆取這個店名也是希望「打造一個客人可以好好休息、不勉強自己的空間」。老闆親手製作的甜點吃起來也有種溫馨的滋味。

MAP P.173 B-3 ☎非公開 🏠龍山區元曉路83街7-2 2F ⏰12:00～21:00 🔒週二 📍地下鐵1號線南營站1號出口步行9分鐘〔龍山〕📷 sickcatsign

精美玲瓏的
韓國古董

小巷裡的名店

店名源於該址前身「惠民署」，韓國一代名醫許浚曾在此懸壺濟世 **1** **2** 對面為賣西點的姊妹店「惠民堂」 **3** 水果茶₩7000 Ⓐ無花果塔₩5000 Ⓑ五味子慕斯₩6800。

咖啡韓藥房
커피한약방

這間咖啡館藏身在一個人要通過都有點勉強的狹窄巷弄，店內的螺鈿工藝器物個個斑斕綺麗。

[MAP] P.177 C-4 ☎070-4148-4242 🏠中區三一大路12街16-6 ⏰10:00~22:00、週六11:00~22:00、週日11:00~20:00、國定假日12:00~20:00 🚫無休 📍地下鐵2、3號線乙支路3街站1號出口步行2分鐘〔乙支路〕ⓘ coffee_hanyakbang

FRITZ 桃花店
프릳츠 도화점

FRITZ是以海豹作為商標的人氣咖啡豆品牌，在首爾開了幾家分店，而這家是2014年開幕的第一間店。店面原本是一般民宅，不過翻修時加入了韓屋元素。

[MAP] P.173 B-3 ☎02-3275-2045 🏠麻浦區新倉路2街17 ⏰8:00~22:00、週六、日10:00~22:00 🚫無休 📍地下鐵5號線麻浦站3號出口步行4分鐘〔麻浦〕ⓘ fritzcoffeeco mpany

1 1樓架上羅列著現做麵包 **2** 二樓座位一景 Ⓐ Ⓑ 咖啡豆都是店家自行烘焙。他們的豆子也會批發給韓國內其他咖啡館與商家。首爾電影一包₩1萬6000。

洋溢70年代氣圍的
麵包咖啡館

1 最大限度發揮劇場原有構造 **2** 今日咖啡 ₩4200。每份餐點的收益都會撥出 ₩300用於振興市場 **3** 每個座位都有電源，也有人會帶電腦來工作 **4** 點餐請至正面的櫃檯。

STARBUCKS 京東1960店
스타벅스 경동1960점

將京東市場內的老戲院翻修成年代感十足的咖啡廳。這間星巴克也積極貢獻在地，撥出部分收益協助振興市場。

MAP P.172 D-1 ☎1522-3232
🏠東大門區古山子路36街3 ⏰9:00～21:00、週五・六・日9:00～22:00 🚫無休 ⊙地下鐵1號線祭基洞站2號出口步行4分鐘〔祭基洞〕
📷 starbuckskorea

1960年落成的戲院，重生為規模龐大的咖啡廳。座位數約達200個，天花板也很高，開闊感十足。

극장
戲院

市場裡的老戲院
化身星巴克分店

리모델링

Renovation
老屋新生

為老舊建築與工廠挹注生命，重生為美麗新空間！

INTHEMASS 馬場

인더매스 마장

這間咖啡廳位於首爾最大畜產市場所在的馬場洞，廣闊的空間原本是一座老倉庫，現在則是咖啡廳、烘豆廠兼展銷中心。

MAP P.172 D-2 ☎0507-1489-9031 ⌂城東區馬場路270 ⌚9:00～21:30 🔒無休 ♥地下鐵5號線馬場站4號出口步行4分鐘〔馬場洞〕ⓘ inthemass_

창고
倉庫

倉庫翻新成
大型咖啡廳！

INTHEMASS是MASS COFFEE的連鎖加盟店，主要於大邱拓點，這裡則是其展銷中心兼烘豆廠、咖啡廳。

Ⓐ 店內烘焙的咖啡豆#45 SCALE BLEND（250g）₩1萬3500 Ⓑ 單品哥倫比亞（250g）₩3萬8000 Ⓒ 左：冰美式₩4800、右：甜鹹拿鐵₩5000。

店內處處裝飾著韓國年輕創作者與老闆的作品。

「할아버지」的意思是爺爺，取這個店名一方面是因為敬重書寫下歷史的前人，另一方面也是希望保留即將從城市裡消失的「工廠」之名。

자동차 공장
汽車廠

CAFE 爺爺工廠

카페 할아버지공장

老闆是聖水洞指標性咖啡廳「大林倉庫」的創辦人。這家店以木質調的溫度中和了工業風的生硬，氣氛相當宜人。

MAP P.182 D-3 ☎0507-1317-2301 ⌂城東區聖水路7路7Ga街9 ⌚11:00～22:00 🔒無休 ♥地下鐵2號線聖水站3號出口步行6分鐘〔聖水〕ⓘ grandpa.factory

50年歷史的汽車廠重生為咖啡廳

1 口味相當多變的珠寶主題瑪德蓮，每一季都會更換品項。鑽石口味W4200 **2** 媲美分享餐等級的巨大瑪德蓮。

珠光寶氣的
絢麗瑪德蓮

Dosikhwa
도식화

標榜「瑪德蓮複合文化空間」，販賣色彩繽紛的瑪德蓮，也會不定期舉辦主題糕點展。

MAPP.179 C-5 ☎0507-1342-7937 ▲麻浦區臥牛山路17街19-9 ⏰12:00～21:00（LO20:00）▲無休 ♥地下鐵6號線上水站1號出口步行3分鐘（上水）
📷 dosikhwa_seoul

1 黑巧克力慕斯包著無花果醬的招牌蛋糕White Signature Cake Petit ₩1萬3000 **2** 可朗芙₩1萬。

AUFGLET 漢南
아우프글렛 한남

蛋糕的造型也呼應著消光單色調空間。而可朗芙就是從這間店開始爆紅的。

MAPP.180 E-3 ☎070-8898-0699 ▲龍山區梨泰院路54Ga街20 ⏰12:00～21:00（LO20:00）▲無休 ♥地下鐵6號線漢江鎮站3號出口步行6分鐘（漢南洞）
📷 aufglet

象徵這間店的
慕斯蛋糕

將品牌形象
化為甜點

예술작품 같은 디저트

Artistic dessert

是甜點，還是藝術品!?

咖啡廳端出藝術品一般的獨創甜點，
教人怎麼捨得吃！

Mont Blanc

蒙布朗

針織廠舊址誕生的
毛線球造型蒙布朗

好像真的
小毛線球！

Le Montblanc
르몽블랑

老闆將伴侶老家經營的針織廠改建
成甜點咖啡廳。毛線球和毛衣造型
的精緻蒙布朗好吃到了極點。

(MAP) P.173 C-3 ☎0507-1328-3793 龍
山區新興路99-4 ⏰12:00～19:00（LO
18:30）、週六、日12:00～20:00
（LO19:30）🚫週一 地下鐵6號線綠莎
坪站2號出口步行23分鐘〔解放村〕
📷 le_montblanc

左圖即毛線球蒙布朗，紅色為覆盆子
巧克力口味₩1萬5000，白色為伯
爵茶口味₩1萬。店內處處擺著舊工
廠的針織機械和毛線，令人不禁想像
起過去的情景。

NUDAKE HAUS DOSAN
누데이크 하우스 도산

由眼鏡品牌Gentle Monster
（P.61）經營的咖啡廳，提供許多
造型前衛的甜點，例如人臉造型慕
斯蛋糕，還有羊隻造型的奶油丹麥
麵包。

(MAP) P.185 C-1 ☎070-4128-2125 江南
區狎鷗亭路46街50 B1 ⏰11:00～21:
00（L020:45）🚫無休 水仁・盆唐線狎
鷗亭羅德奧站5號出口步行8分鐘〔狎鷗
亭〕📷 nu_dake

Artistic Cake

藝術蛋糕

每一道甜點
都美得像藝術品

與New Jeans的合作活動充滿了
話題性ⒶPIETA ₩1萬2000 Ⓑ
PEAK SMALL ₩2萬5000 Ⓒ
YANG PAIN ₩4000 Ⓓ連蠟燭
部分也能吃的蛋糕BIRTH ₩3萬
2000。

CAFE TIPS

CAFE TIPS

整理享受首爾咖啡廳時的小重點和近年的甜點流行趨勢！

SEOUL CAFE BOOK

STARBUCKS
스타벅스
**韓國限定品項與商品
還有韓國特色店面**

也可以看看伴手禮！

BLEND

민트 초콜릿 칩
Mint Chocolate Chip

망고 바나나
Mango Banana

限定飲品

還有韓國限定飲品

星巴克在韓國積極開設特色十足的分店，比如運用廢棄戲院空間的京東1960店（P.106）、2022年更開設坐擁北漢山壯麗景觀的THE北漢山店。除此之外，緊鄰漢江的首爾波浪藝術中心店也非常受歡迎。來韓國的星巴克，一定要嚐嚐當地限定品項，只要看到「Korea Only」的標示，點就對了。※圖為薄荷巧克力片綜合咖啡（Tall）₩6300。

STARBUCKS THE 北漢山店
스타벅스 더북한산점
MAP P.173 A-1 ☎1522-3232 🏠恩平區大西門街24-11 ⊙7:00～22:00 🈺無休 ♀地下鐵3號線舊把撥站搭計程車9分鐘〔恩平〕

STARBUCKS 首爾波浪藝術中心
스타벅스 서울웨이브아트센터점
MAP P.185 A-2 ☎1522-3232 🏠瑞草區鷺院路145-35 ⊙8:00～21:30 🈺無休 ♀地下鐵3號線鷺院站4號出口步行17分鐘〔鷺院〕

藥菓
약과
**走向精緻化的傳統點心
創新口味搶人氣**

優美至極的藥菓品牌

GOLDEN PIECE

GOLDEN PIECE
골든 피스
MAP P.180 F-3 ☎010-3491-7250 🏠龍山區漢南大路27街25 ⊙12:00～18:00 🈺無休 ♀地下鐵6號線漢江鎮站3號出口步行8分鐘〔漢南洞〕
📷 goldenpiece_korea

藥菓是韓國的傳統點心，口感像軟餅乾、質軟又稍稍黏牙。經過疫情期間激烈的搶購戰，許多人氣店接二連三爆紅，許多人氣店接單即爆紅，如今更化為許多點心和飲品的口味，深植人心。此外，也出現一些將藥菓和開城周樂等傳統點心昇華為高級甜點的品牌，例如緣里喜在和GOLDEN PIECE。甜甜圈連鎖店Dunkin'的藥菓也是不錯的伴手禮。

申李道家
→P.102

Dunkin' 也有賣藥菓

TONGTONGE
→P.60

緣里喜在 Galleria 狎鷗亭
연리희재 갤러리아압구정
MAP P.184 D-1 ☎02-6905-3320 🏠江南區狎鷗亭路343 Galleria百貨WEST B1 ⊙10:30～20；無固定公休日不定休 ♀水仁・盆唐線狎鷗亭羅德奧站7號出口步行1分鐘〔狎鷗亭〕
📷 yeon.li.hui.jae

周桌也變得更精緻了

망고쥬스 芒果汁

價格實惠的
正宗芒果汁專賣店

新鮮果汁經營連鎖店JUICY經營的芒果專賣加盟店，價格相當親民，如「飯後芒果汁」（식후망고）一杯300ml僅₩1500。另外也有賣刨冰，飯後想來點甜品時，來這裡準沒錯。

> 飯後來一杯
> 份量剛剛好

GOMANGO 延南店
고망고 연남점
(MAP) P.178 D-3 ☎070-7783-1028 🏠麻浦區楊花路21街15 ⏰11:30～22:00 🔒無休 📍機場快線/地下鐵2號線弘大入口站3號出口步行1分鐘〔延南洞〕

카페 체인점 咖啡連鎖店

五花八門的咖啡連鎖店！
自助點餐機成為主流

物美價廉的咖啡連鎖店來勢洶洶，比如MEGA COFFEE、COMPOSE COFFEE（左下圖），以及由韓國名廚白鍾元經營的PAIK'S COFFEE。點餐時須使用觸控式自助點餐機。

생일케이크 生日蛋糕

在當地咖啡廳
購買生日蛋糕

如果旅程中要慶祝自己、旅伴或偶像的生日，不妨嘗試到當地咖啡店買蛋糕。NUDAKE（P.109）的蛋糕BIRTH若有現貨可以直接購買，無需預訂。如果對其他店家有興趣，也可以事前私訊店家詢問！

GINGER BEAR PIE SHOP
→P.39

웨이팅 候位系統

熱門店家一定要排隊！
記得登記候位抽號碼牌

熱門商家免不了要先透過門口的機器留下聯絡方式，登記候位。有些店家會在開店前約30分鐘開放登記。不過韓國以外的手機門號可能無法登記，這時請洽詢現場工作人員如何處理。

☑ **商品標價通常會省略0**
韓國習慣標價上省略0，例如₩6800會寫成6.8，₩1萬8000會寫成18.0。

☑ **隨時確認**
最新營業狀況
韓國店家經常會臨時公休或調整營業時間，出發前務必透過Instagram或其他平台確認！

붕어빵 鯉魚餅

冬天才有的稀有甜點!?
韓式鯛魚燒

鯉魚餅攤販大多會於冬季現身。鯉魚餅類似日本的鯛魚燒，每間店價格不一，但大致落在3個₩1500左右，相當親民。餡料甜度適中，味道溫和可人♡外皮又薄又酥的鯉魚餅更是極品。

배라 31冰淇淋

以「Bera」之名紅遍韓國
嘗嘗看韓國特殊口味

知名的「31」冰淇淋在韓國稱作Baskin Robbins（배스킨라빈스），簡稱Bera（배라）。韓國的31冰淇淋有許多限定口味。韓國人習慣一次就買一品脫，大家一起分著吃。

> 3種口味任搭
> 「一品脫」可以

暗門後的新堂洞地下酒吧
「酒神堂」（P.120）以
十二生肖為主題，璀璨空間
令人目眩神迷。

SEOUL THE BEST TIME

IN THE

Night

17:00 - 21:00

首爾的天色愈暗，氣氛愈活絡，因為在夜晚
的首爾有吃不完的美食、喝不完的咖啡廳、
逛不完的街！先吃點肉補充能量，再盡情享
受首爾夜生活！

日本根本吃不到這麼驚人的超厚烤豬

提到首爾的烤豬肉，我們推薦熟成豬肉。熟成數天的豬肉不但風味更濃郁，肉質也更軟嫩，可以簡單沾鹽或芥末吃，也可以搭配鮮美的沙丁魚醬、蔬菜、辛奇，將天堂般的美味塞滿口中♡韓國烤豬主要吃的部位有五花肉和肩胛肉，不喜歡吃

太油的人建議點肩胛肉。每間店提供的肉都很厚實，視覺衝擊力滿分！但是要將這麼厚一塊肉烤得好吃，需要一些訣竅，所以就請店員代勞吧。

原則上，一桌至少要點2人份的肉。每一份肉類主餐都會附蔬菜、辛奇和各種醬汁，可以嘗試不同的搭配。

肋眼豬排（上）。豬頸肉
1人份₩1萬6000（下），
店家推薦配新鮮山葵。

Best time!
17:00
推翻你對豬肉的認知！
誇張好吃的
熟成烤豬

高度食的作法，是先將特製鐵板預熱至200℃，抹上無鹽奶油，再放
上肉塊，迅速鎖住熟成肉的美味。煎醬是以明太魚頭製作的魚露為基
底，再加入炒過的蔥，味道酸甜，加了明太魚鬆的特製調味鹽也是美味
得令人難以置信。最後再點一碗吃得到大塊豬肉的炒飯₩7000。

☆☆☆☆ 在韓國點套餐常常會附一種薄薄的甜醋漬葉菜，叫作茖蔥葉（行者大蒜），可以拿來包豬肉吃。

火侯掌控細膩
豬五花口感軟嫩

帶骨豬五花1人份₩1萬9000（照片為2人份）、雪花豬頸肉1人份₩1萬8000

備長炭×特製鋁烤盤
頂級肩胛肉！

Kokumi肩胛肉1人份₩1萬8000（照片為2人份）。搭配鰹魚高湯炊煮kokumi飯₩3000也很好吃。大醬湯₩9000。

金豬食堂
금돼지식당

藝人也愛的米其林餐廳

這間店最大的賣點就是他們的帶骨豬五花，嚼勁十足又多汁。吃第一塊的時候，建議搭配英國皇家御用的馬爾頓鹽，仔細品味肉本身的風味。

MAP P.174 E-4 ☎0570-1307-8750 🏠中區茶山路149 🕐11:30～23:00（LO 22:15）🈚無休 🚇地下鐵5、6號線藥水站2號出口步行4分鐘（藥水）

黨 聖水店
꼼당 성수점

道這濃縮了美食家的經驗與心得

老闆是一名知名美食部落客，花費10年嘗遍上千家餐廳，又於烤豬名店實習5年，2019年獨立開業。總店位於新沙，蠶室也有分店。

MAP P.182 D-2 ☎0507-1358-6564 🏠城東區聖水2路20街10 經協會館104號 🕐16:30～22:50（LO22:20）、週六、日12:00～22:50（LO22:20）🈚無休 🚇地下鐵2號線聖水站3號出口步行2分鐘（聖水）

厚肉
두툼

傍晚6點以後隊伍排不完的烤肉名店

這間店自2015年開業以來人氣屹立不搖，而且只此一家，絕無分號。店裡的五花肉和肩胛肉都經過兩階段共21天的熟成。也有提供豬頸肉。

MAP P.175 A-4 ☎02-392-8592 🏠中區中林路10 🕐15:30～22:00（LO21:20）、週六、日13:00～15:00（LO14:30）、15:30～22:00（LO22:00）🈚無休 🚇地下鐵2、5號線忠正路站5號出口步行3分鐘（忠正路）

高度食
고도식

豬肉與鐵板的高度（고도）都是關鍵

嚴選在智異山和濟州島高山地區養殖的豬隻，進行濕式熟成7天、乾式熟成2天，總共熟成9天。招牌豬肋眼美味無比，而且非常珍貴，一頭豬最多只能取出4人份的量。

MAP P.172 F-4 ☎02-422-8692 🏠松坡區百濟古墳路45街288 🕐12:00～22:40（LO22:00、週一～四休時間15:00～17:00）🈚無休 🚇地下鐵9號線松坡渡口站1號出口步行6分鐘（松坡）📷 godosik92

厚肉豬頸肉1人份₩1萬8000（照片2人份），附杏鮑菇

稀有的豬肋眼1人份₩1萬7000（照片為2人份）。

軟嫩又多汁的豬頸肉
厚度將近4cm

韓國烤豬界奇葩
主打帶骨肋眼豬排！

生拌牛肉
₩1萬9000
新鮮生拌牛肉任君挑選！

曾登上米其林！
市場老店好優惠

這間1965年開業的生拌牛肉名店，位於廣藏市場
（P.22）生拌牛肉街。使用新鮮韓國產牛肉，並於店內
半日熟成。點餐時請劃桌上的點餐單，然後交給店員。

富村生牛肉
부촌육회

MAP P.176 E-3 ☎02-2267-1831 🏠鐘路區鐘路200-12 ⏰10:00~
21:30（LO21:00、週一~五午休時間16:00~17:00）🔒無休 ♀地下
鐵1號線鐘路5街站8號出口步行
2分鐘〔鐘路5街〕

加了新鮮長腕小章魚的
章魚生拌牛肉₩3萬
2000，可以用韓國海
苔捲起來吃。當地人也
喜歡價格實惠的生拌牛肉
拌飯₩9000。

現在日本已經很難吃到生拌牛肉，不過到韓國就能跑遍各種餐廳，
嘗遍各種生拌牛肉！

晉州飯床
₩5萬3000
包含拌飯等主食＋5道菜

①

②

③

④

韓式簡餐店的
完整套餐

主要供應朝鮮三大拌飯之一的晉州拌
飯與慶尚南道的傳統料理。打造菜餚
基底風味的醬（味噌）還是堅持從培
育豆子開始親手製作！

Hamo
하모

MAP P.185 C-2 ☎02-515-4266 🏠江南區彥
州路819 ⏰11:30~15:00（LO14:30）、
17:30~22:00（LO21:00）、土・日曜・祝
日11:30~22:00（LO21:00）🔒無休 ♀週
六、日、國定假日 ♀地下鐵3號線狎鷗亭站3號
出口步行9分鐘〔狎鷗亭〕

①含5種配菜與生拌牛肉
的晉州拌飯 ②網烤牛肉
片 ③朝鮮雜菜冬粉 ④肉
煎餅

常客家生拌牛肉

₩2萬1000

蛋黃和生拌牛肉會分開裝，吃之前自行放上後，再拍照留念。

② ③ ①

還有其他用生拌牛肉做的餐點喔！

跟蛋糕一樣的特殊生拌牛肉!?

這家相當注重視覺效果的無國籍風格生拌牛肉佳評如潮，每天開店前就排了一堆人！微辣的白色辣根醬也點綴了風味。

常客家
단골집

MAP P.180 D-4 ☎02-797-3373 🏠龍山區普光路59街14-1 2F ⏰17:00～凌晨0:00（LO23:00）、週五、六～凌晨2:00（LO凌晨1:00）🔒無休 🚇地下鐵6號線梨泰院站4號出口步行1分鐘〔梨泰院〕📷 dangol_house

①包含生拌牛肉、水梨、水芹、海苔脆片的生拌牛肉沙拉₩1萬8000 ②生拌牛肉飯糰₩9000 ③微辣鮮奶油義大利麵、常客家甜辣義大利麵₩2萬1000。

市場、無國籍餐廳、高級餐廳

Best time!
17:00
附一碗充滿**牛肉精華的湯**

生拌牛肉飯捲

₩8800

加了點辣味的生拌牛肉飯捲可以沾麻油蛋黃吃。

充滿新意的微辣生拌牛肉飯捲！

將辣炒年糕、海苔飯捲等大家熟悉的韓國輕食做成現代風。如果你也是生肉愛好者，務必嘗嘗看以店家自製辣醬調味的生拌牛肉飯捲！

DOSAN BUNSIK
島山公園店
도산분식 도산공원점

MAP P.185 C-1 ☎02-514-5060 🏠江南區島山大路49街10-6 ⏰11:30～15:00（LO14:30）、17:00～20:30（LO20:00）🔒無休 🚇水仁、盆唐線狎鷗亭羅德奧站5號出口步行6分鐘〔狎鷗亭〕📷 dosanbunsik

①島山拌麵₩7800 ②豬排三明治₩9500。店內裝潢和盤子都很可愛，拍起照來樂趣十足。

彈牙血腸 × 免費燉湯！

拼盤2人份W 5萬3000。肉只能點一次，不能續點，所以一開始就要點好想吃的份量

照片為主館，有時候也可能會坐到附近的分館。

Best time!
17:00

去一次韓國，吃一次烤腸！
不推不行的
超專業烤腸店

곱창（烤腸）是韓國非常主流的美食，沒吃過就排斥真的太可惜了！

第一烤腸 總店
제일곱창 본점
值得等待的極品烤腸！

這間超人氣烤腸店位於家喻戶曉的畜産物市場「馬場洞」附近，店家每天從市場採購新鮮血腸並細心處理。週末可能要排上3小時。

MAP P.172 D-2 ☎010-8690-9792 🏠城東區古山子路281 ◷12:00～22:00（LO21:00）🔒週日 ♀地下鐵2、5號線／水仁・盆唐線／京義中央線往十里站2號出口步行5分鐘（往十里）
📷 gop_master

點餐就送料豐味的海鮮燉湯！

※許多烤腸專門店都會招待生牛肝、生牛肚。但市場週末會休息，如果週末去可能就吃不到了（哭）

綜合拼盤1人份₩2萬4000（最少要點2人份）。下圖是被薄薄蛋皮圍住的炒飯₩4000。

韓牛拼盤1人份₩3萬3000（最少要點2人份）。下圖是招待的白豆腐湯。

Gop 麻浦店
곰 마포점

知名美食家也讚不絕口

韓國知名美食家李英子推薦名店，只用當日現宰新鮮韓國牛小腸，所以週末小腸可能會沒有庫存。

MAP P.173 B-3 ☎02-713-5201 ⌂麻浦區桃花街31-1 ⏰16:00～23:30、週日與國定假日15:00～23:00 🚫無休 ◉地下鐵5號線麻浦站3號出口步行3分鐘〔麻浦〕

聖水狍子
성수노루

生意超好的鬧區名店

將老舊的雙層樓建築翻新，裝潢成類似咖啡廳的迷人風格。很多人來不只會點烤腸，也會點肥腸鍋。最後還可以再點份₩4000的炒飯！

MAP P.182 D-3 ☎0507-1354-5866 ⌂城東區聖水二路71 ⏰16:30～23:00（LO22:00）、週六15:30～、週日15:30～22:30（LO21:30）🚫無休 ◉地下鐵2號線聖水站3號出口步行4分鐘〔聖水〕
📷 noru_ship

\ **好店推不完！其他推薦烤腸店** /

九孔炭烤腸 總店
구공탄곱창 본점

烤豬直腸連鎖店。直腸1人份₩1萬3000（至少要點2人份），一定要加₩5000加起司！

MAP P.179 C-5
⌂麻浦區楊花路6街77〔弘大〕

延南烤腸TOWN
연남곱창타운

營業至深夜的鬧區烤腸店。店家在烤腸時，最後還會加燒酒助火去腥，這麼精彩的表演一定要錄影！

MAP P.178 D-3
⌂麻浦區東橋路236〔延南洞〕

新村黃牛烤腸 江南直營店
신촌황소곱창 강남직영점

這是新村老字號烤腸店的分店，大腸又大又有嚼勁！綜合拼盤2人份₩4萬9000。

MAP P.185 C-4
⌂江南區江南大路100街13〔江南〕

最時尚的 **新堂洞** & 首爾中央市場

有品味的商家悄悄融入老街

新堂洞位於東大門東側，據說這裡在朝鮮時代曾住著許多巫師（俗稱巫堂），也建了許多祭祀用的神堂，因而得名。新堂洞有許多老舊的穀倉和商家，好一段時間以來與年輕世代無緣，不過2018年起，陸陸續續有一些獨特的咖啡館和酒吧進駐，如今甚至成為人口中「Hip堂洞」的時尚區域，備受矚目並持續蛻變。

暗門後頭的酒吧！

Ⓐ

IN the Night
[17:00 ~ 21:00]

酒神堂

入口在這裡

Ⓑ **哈尼刀削麵**
하니칼국수

愛吃魚卵的人絕對大呼過癮！

魚卵刀削麵放了滿滿明太子和魚膘，一碗₩1萬2000。微辣的海鮮湯頭鮮到不行，水芹的香氣更是大加分。

MAP P.174 F-3 ☎02-3298-6909 ⊜中區退溪路411-15 ⊙10:30~15:00（LO14:30）、17:00~22:00（LO21:00）、週日與國定價日10:30~22:00（LO21:00）⊜地下鐵2、6號線新堂站1、12號出口步行2分鐘〔新堂洞〕◎hani_.noodle

Ⓐ **酒神堂**
주신당

一座絢麗無比的世界

這間酒吧的設計概念為「神靈的遊樂場」，靈感來自在地歷史，主打十二生肖主題調酒，一杯₩1萬6000起。

MAP P.174 F-3 ☎02-2231-1806 ⊜中區退溪路411 ⊙18:00~凌晨2:00（LO1:00）、週六、日17:00~凌晨01:00 ⊜無休 ⊜地下鐵2、6號線新堂站1、12號出口步行2分鐘〔新堂洞〕◎zoosindang

☆ ☆ ☆ 1950年代，新堂洞開了許多辣炒年糕專賣店，甚至有辣炒年糕鎮之稱。

直火匠人
직화장인

專精豬頸肉的熟成烤豬店

以獨門切法將豬頸肉分成4個部分後精心烘烤。限量的鮪魚腹背豬肉1人份₩1萬8000，一組客人最多點2份。
→P.135

PHYPS MART
핍스마트

大受歡迎的雜貨店

裝潢成國外超市風格的服飾品牌選物店，商品內容多樣，有時尚單品，也有進口食材和葡萄酒。
→P.59

> 特色咖啡廳也陸續進駐

> 逛遍市場所有攤位

⒟ MAILROOM SINDANG
메일룸 신당

郵箱櫃竟然藏著暗門！

這裡一樓是站式濃縮咖啡吧。在咖啡師忙進忙出的吧檯旁邊有一道暗門，推開就會看到往2、3樓座位區的樓梯。

MAP P.174 F-3 ☎0507-1431-3124 ♠中區退溪路83街10-7 1~3F ⊙10:00~21:30（LO21:00）無休 ♀地下鐵2、6號線新堂站1號出口步行1分鐘〔新堂洞〕ⓞ mailroom_sindang

⒞ 首爾中央市場（新中央市場）
서울중앙시장

關注度直線上升的在地市場

市場內有吃不完的知名美食，如關東煮、生拌牛肉、豬腳、海鮮、魚乾，可以開開心心地逛逛吃吃。

MAP P.174 F-3 ☎02-2232-9559 ♠中區退溪路85街36 ⊙7:00~凌晨0:00左右（各店情況不一）♀地下鐵2、6號線新堂站1、2號出口步行1分鐘〔新堂洞〕

퓨전한식

多國籍韓式料理

可以品嘗到各式各樣的水芹料理,如黑鮪魚水芹豆皮壽司、水芹海鮮煎餅。

1 醬油滷豬配水芹₩2萬5000 **2** 水芹捲₩1萬8000 **3** 水芹海鮮煎餅₩1萬8000。

MINARI
미나리

享受水芹創意料理和傳統酒

這間餐廳供應許多使用大量水芹的和風創意料理,例如火鍋和豆皮壽司。很多人還會配傳統酒Highball,一杯₩8000起。

MAP P.179 B-5 ☎010-9585-7805 ♀麻浦區楊花路6街14 ◷17:00～凌晨00:30(LO23:50),週五、六17:00～凌晨2:00(LO凌晨1:20) ♤無休 ♥地下鐵2、6號線合井站5號出口步行1分鐘〔合井〕⊙ minariseoul

---

Best time!

18:00 深深愛上鮮鮮脆脆的水芹

烤肉、火鍋、多國籍韓式料理都有它的身影!

在日本,芹菜通常只會在七草粥和火鍋中吃到,但韓國的水芹卻是無所不在,從涼拌到烤肉都有它的出場機會!最近還有愈來愈多餐廳是以水芹當作主角呢。

샤브칼국수

涮涮刀削

清道水芹食堂
청도미나리식당

擁有三種美味的水芹涮涮鍋

這間店的招牌是加了大量水芹的涮涮鍋,一開始先將蔬菜和肉丟入辣湯涮一涮,再來加入麵條,吃到最後再將飯倒入鍋中,享受一鍋三吃的美味。

MAP P.181 B-3 ☎070-7803-1201 ♀龍山區漢江大路38Ga街7-18 B1 ◷11:00～15:00、17:00～23:30 ♤無休 ♥地下鐵4號線新龍山站1號出口步行3分鐘〔龍山〕⊙ chungdo_minari_yongsan

1 最後留一勺湯,將飯、韓國海苔等配料倒入鍋中炒成炒飯 **2** 水芹涮涮鍋1人份₩1萬4000(可以只點1人份),包含水芹、秀珍菇、牛肉片、刀削麵、炒飯料。想吃什麼自己涮。

☆ ☆ ☆ 上述是最經典的韓國涮涮鍋吃法。也可以像「加陽刀削麵辣菇湯」(P.137)這樣吃。

삼겹살

五花肉

將水芹用力按在肉上

拔草的豬
풀뜯는돼지

燒烤豬肉和水芹的完美配合

這間店從老闆到店員都來自水芹的知名產地：清道。店內使用的水芹也是店員老家產地直送，因此一整年都能供應新鮮的水芹。

(MAP)P.178 D-3 ☎0507-1343-1690 🏠麻浦區東橋路32街7 ⏰12:00〜22:00 🚫無休 📍機場快線／地下鐵2號線弘大入口站3號出口步行5分鐘〔延南洞〕
📷 pul__pig

1 地處延南洞的巷弄裡 **2** 水芹豬五花1人份₩1萬5000（至少要點2人份）。肉烤好後，再放上大量的水芹！替五花肉增添清新香氣 **3** 附餐選擇也很多元，如水芹煎餅₩9000 **4** 水芹的莖可以直接沾味噌吃 **5** 水芹拉麵₩4000 **6** 水芹拌飯₩9000（附味噌湯）。

全球首創！專精辛奇的餐廳
辛奇義大利麵與
葡萄酒的餐酒搭

將豬絞肉、桔梗醬辛奇等
餡料用白菜包起來
製成的燉菜

青花菜辛奇、
醬油漬鮑魚
海苔捲

靈感取自辛奇包
肉的燉菜₩2萬
1000。青花菜
辛奇、醬油漬鮑
魚海苔捲₩1萬
8000。

前所未有的新鮮嘗試
以辛奇為主角的創意料理

辛奇其實有很多種，例如不加辣椒的白辛奇、用醬油醃漬的醬辛奇、水分較多的水辛奇等等。ON6・5是一間以辛奇為主角的餐廳，將這種韓國料理中不可或缺且永遠鑽研不完的食品廣泛應用於各種料理，例如用羅勒等西方食材製作辛奇，還有根據辛奇醃漬方法發想的創意燉菜，道道美食充滿驚奇，令人大開眼界。

李準秀總主廚曾赴巴黎學習料理，也曾在當地的韓國餐廳工作。回國後先於米其林一星餐廳Bicena擔任副主廚，接著便來到ON6・5。

✿ ✿ ✿　G-DRAGON×NIKE的合作紀念派對就是在這裡舉辦。BTS的RM與許多知名人物也曾經光顧。

店內裝飾了不少韓國藝術家的作品，餐具也是與Min Seung Kee和Yon Ho Kyung等陶藝家聯手打造的原創作品。

3 迎賓飲和蕃薯片＆慕斯夾辛奇的小點。表現韓國吃蕃薯配辛奇的文化。

3

1 用海苔捲起洋釀風味白辛奇和蝦子，再下鍋油炸製成的炸辛奇₩1萬9000。最後再擠上用水辛奇製作的酸奶油。**2** 小碟裝的羅勒、紅蔥頭、蘆筍辛奇₩9000。

2

ON 6.5
온6.5

店名取自最適合辛奇發酵的溫度

提供創意辛奇料理搭配有機葡萄酒的餐酒館。「辛奇師」李承美製作的泡菜，在米其林一星主廚的巧手下，昇華成獨一無二的創意料理。

(MAP)P.177 B-1 ☎010-4278-2024 ⬠鍾路區北村路1街28 ⊙17:30～23:00（LO22:00）、週六、日15:00～23:00（LO22:00）❷無休 ❾地下鐵3號線安國站1號出口步行3分鐘［北村］ⓘon6.5_seoul aff seoul位於大樓內的4～5樓，有露天座位。兩層樓的氛圍截然不同 **1** 蒸赤貝淋醬油Ark shell with soy sauce ₩1萬5000。

在時代洪流下逐漸沒落的印刷街，因年輕人進駐而煥然一新！印刷廠翻修而成的特色商家正在不斷增生。

酒吧不收座位費。**1** 今日水果雞尾酒₩2萬。當天用的水果是霧香葡萄 **2** 特調SIREN DOGAM ₩1萬5000。

Ⓑ aff seoul
옆 서울

在時髦空間品嘗創意亞洲料理

這間酒吧提供許多亞洲各地攤販小吃改編的創意料理和葡萄酒。店內裝潢也融合了亞洲各國的文化。

[MAP]P.177 C-5 ☎070-4249-5032 🏠中區水標路42-21 4～5F ◷17:30～23:50（晚餐餐點LO20:50、飲品LO23:30）🔒週一 ♀地下鐵2、3號線乙支路3街站11號出口步行2分鐘〔乙支路〕◎ aff_seoul

Ⓐ Ace Four Club
에이스포클럽

瀰漫著懷舊氣息的舒適酒吧

這裡原本是一間茶房（傳統茶館），如今則化身酒吧，堪稱是「現代茶房」。店內音樂比較小聲，方便客人放鬆地聚會談天。

[MAP]P.177 C-4 ☎010-4248-4244 🏠中區乙支路105 2F ◷17:00～凌晨1:00，週五、六～凌晨2:00，週日～凌晨0:00※LO皆為打烊前30分鐘 🔒無休 ♀地下鐵2、3號線乙支路3街站1號出口步行1分鐘〔乙支路〕◎ acefourclub

☆☆☆ Ace Four Club的SIREN DOGAM是以同名服裝品牌（◎ sirendogam）為靈感的雞尾酒。

126

1 用中式饅頭夾起蝦泥後拿去炸的麵包蝦₩1萬8000。可以沾煉乳吃 **2** 教人直呼過癮的麻辣香鍋₩2萬6000。

1 Seersucker IPA ₩7000、Glen Check Amber Lager ₩7000 **2** 帶有松露香氣的 Triple Mushroom Pizza ₩2萬1000。

⒟ 乙支啤酒屋
을지맥옥

印刷廠改建而成的啤酒吧

這間店充滿了乙支路的元素，例如店家LOGO反映了該地區上班族眾多的特色，店內的霓虹燈也呼應了當地的燈具街。

MAP P.177 C-5 ☎02-2272-1825 🏠中區水標路48-16 ⏰15:30～凌晨2:00 🚫無休 🚇地下鐵2、3號線乙支路3街站11號出口步行2分鐘〔乙支路〕 @euljirobrewing

⒞ JULIA
줄리아

彷彿走入香港電影的世界！

天天高朋滿座的新形態中國風餐酒館。據說兩位老闆都是設計師，整間店從LOGO、家具、裝潢都是由他們親自設計的。

MAP P.177 C-5 ☎0507-1324-1196 🏠中區水標路48-12 ⏰117:00～凌晨0:00、週五16:00～凌晨1:00、週六13:00～凌晨1:00、週日13:00～凌晨0:00※LO皆為打烊前30分鐘 🚫無休 🚇地下鐵2、3號線乙支路3街站11號出口步行2分鐘〔乙支路〕 @julia_euljiro

20:00

可在店裡內用，也可外帶回飯店！

炸雞＆啤酒，
為雞啤乾杯！

雞肉×啤酒這對黃金組合在韓國簡稱「雞啤」（치맥）。你今晚想在哪裡乾杯呢？

海特啤酒
EXTRA COLD
₩2800

脆皮炸雞1隻
₩2萬1000

客思啤酒
₩2800

醋醃蘿蔔
免費

@**HOTEL**

TAKE OUT
外帶回飯店
為雞啤乾杯！

躺在床上討論隔天的計畫。晚上在飯店悠閒喝酒，

有些炸雞店是專門做外帶和外送服務，如果飯店附近剛好有這樣的炸雞店，也可以認真考慮喔。

喜歡的K-POP明星上節目。更可以直接換上睡衣，規劃隔天的行程，或打開大電視觀賞

房間悠哉享受。幾罐啤酒或燒酒Highball，回外帶一些炸雞，再到便利商店買

只要有炸雞和啤酒，飯店房間也可以是最棒的酒館！

Ⓑ 炸雞蛋糕
（無骨）

將炸雞堆成蛋糕的模樣，還提供蠟燭和裝飾。照片是加了蝦子的大勢金片口味。部分分店可能沒有提供此款式。

₩3萬4000

蒜香愛好者必吃！
綿延悠長的
蒜香味

Ⓑ 蜂蜜蒜香炸雞

滿滿大蒜和蜂蜜醬的甜鹹口味。

₩2萬

Ⓐ Garlic Roast
Chicken

₩1萬9900

☆☆☆ 有些飯店可能不允許攜帶外食或叫外送，記得事先向飯店確認。

EAT-IN
在店裡享受
現炸的美味
為雞啤乾杯！
雞熱社的
炸雞
₩2萬2000

2種口味任選的炸雞雙拼₩2萬5000。照片中的口味是「孝道辣椒魩仔魚炸雞」和原創的「孝道酥脆炸雞」。

青辣椒
和魩仔魚
風味強烈

浸淫人聲鼎沸的炸雞店，享受首爾的夜時光。

內用最大的優點，就在於能品嘗到剛炸好的熱騰騰炸雞，還有新鮮的生啤酒。那酥脆的麵衣，鮮嫩多汁的雞肉，讓人幸福得難以言喻。在炸雞店比便利商店還多的韓國，雞熱社堪稱「首爾三大炸雞」之一，儘管位置稍嫌不便，人氣卻毫不打折，每天都有一大堆熱愛炸雞的人等著進門。至於另一家孝道炸雞，我推薦大家吃吃看招牌的孝道辣椒魩仔魚炸雞，青辣椒、魩仔魚、醬油和炸雞搭配起來簡直完美！

螺肉麵線
₩2萬5000

Ⓓ 孝道炸雞 光化門店
효도치킨 광화문점

拒絕現成品，全手工製醬汁

這間店的炸雞食譜是由兩位米其林二星餐廳主廚聯手研發，店內裝潢也相當典雅。

MAP P.175 B-2 ☎02-737-0628 鍾路區社稷路8街21-1 11:30～23:00（LO22:00）無休 地下鐵3號線景福宮站7號出口步行4分鐘〔光化門〕 hyodochicken

Ⓒ 雞熱社
계열사

使用韓國在地新鮮雞隻

接單後現裹麵衣，現場油炸，因此需要等待約10分鐘。熱呼呼的馬鈴薯也好好吃！

MAP P.173 B-1 ☎02-391-3566 鍾路區白石洞街7 12:00～22:30、週日～22:00 週一 地下鐵3號線景福宮站3號出口搭計程車8分鐘或搭公車16分鐘〔城北洞〕

Ⓑ 正直的炸雞 建大車站機器人店
바른치킨 건대역 로봇점

嚴格控管炸油的新鮮度

每炸58隻雞就換一批油，確保酸價始終在1.0以下。外帶盒上也會標示裡面的炸雞是該批第幾次下鍋。

MAP P.182 F-3 ☎02-466-6001 廣津區峨嵯山路29街7 15:00～凌晨1:00，週六13:00～，週日13:00～凌晨0:00（LO打烊前1小時）無休 地下鐵2號線建大入口站1號出口步行1分鐘〔建大〕

Ⓐ KKANBU CHICKEN 乙支路3街站店
깐부치킨 을지로3가역점

2006年誕生的特殊份子

在宅配服務大行其道的炸雞業界，這家店卻拒絕外送，還反而因此大受歡迎。雖然他們主打內用，但也提供外帶服務。

MAP P.177 C-4 ☎02-2269-3535 中區水標路52-1 16:00～凌晨2:00 無休 地下鐵2、3號線乙支路3街站11號出口步行1分鐘〔乙支路〕

店內公約為「相互體諒，低聲細語，只要對方聽得見就好」。

靜之中
對話的奢侈時光

thracite是2009年將
廢棄鞋廠翻新後開設的咖
。老舊輸送帶化身的咖
刻劃著時光痕跡的混凝土
種種精彩元素都在韓國掀
起，也在奉「除舊布新」
某的首爾開創一波「舊物
的風潮。

這裡介紹的西橋店是

Best time!
20:00

日子再忙，也要記得喘口氣。

到 Anthracite
咖啡館尋得一片寧靜

1 窗邊座位是白天時段最
好的位子，可以欣賞柔美
陽光灑落花園 **2** 吧台座
位數量充足，很多人會來
這裡工作或看書 **3** 使用
的咖啡豆都是自行烘焙，
名稱皆取自世界級作家以
及詩人，例如William
Blake W1萬6000。

Anthracite的第4間分店，於2017年開幕。各項設計乃至於服務都能看見創辦人金乃Pyung Rae的哲學，可謂集其一生之大成的空間。他最大限度刪減經營一間店所需的元素，最先拿掉的元素是音樂。各位沒看錯，這間店沒有背景音樂，你只會聽見其他人走動時木地板嘎吱作響的聲音、還有咖啡師沖咖啡時動聽的聲響。儘管如此，這裡的環境卻一點也不會令人坐立難安，有人在這裡看書、有人在這裡用電腦，又或者是輕聲交談，每個人都自在地待著。

雖然白天灑下的日光與翠綠的花園也美不勝收、不過日落之後，這裡更多了一分奇幻感。獨自前來，無論是工作也好、回顧一天也好，總之將自己交付給溫柔的寧靜，度過繁忙日子中的「閒暇」時光。對我來說，沒有比這樣更好的慰勞了。

Anthracite 西橋店
앤트러사이트 서교점

時光停滯的空間，因咖啡而甦醒

店名的意涵為「咖啡就像無煙煤（Anthracite）一樣，可以產生意量」，店面也與這個意涵相呼應，用咖啡重新喚醒了老舊的空間。西橋店的空間設計是與日本設計師真喜志奈美士女合作，改建民宅而成。

MAP P.179 B-4 ☎02-336-7650 🏠麻浦區世界盃路12街11 ⏰9:00〜22:00 🚪無休 📍地下鐵6號線望遠站1號出口步行3分鐘〔望遠〕⊚ anthracite_coffee_roasters

手沖咖啡
₩7000

也有咖啡以外的飲品，如氣泡飲、巧克力牛奶

內部的咖啡廳區域。店家也有
提供簡單的下酒零食。

（傳統酒 & 精釀啤酒）

我們酒堂堂 首爾林店
우리술당당 서울숲점

供應約400種韓國酒

一對年輕兄弟共同經營的酒專兼咖啡廳，專賣各式各樣的韓國酒，也有舉辦自製馬格利體驗班（需預約，每人₩6萬5000）。

MAP P.183 B-2 ☎0507-1336-6874 ✦城東區往十里路5街9-20 B1 ⏰11:30~22:30 🔒週一 🚇水仁‧盆唐線首爾林站5號出口步行4分鐘（首爾林）
📷 sooldangdang

1 咖啡廳區提供馬格利雞尾酒，一杯₩6500 2 櫃子上擺著滿滿的酒 3 含梅花的馬格利，延禧梅花約₩1萬2000 4 蘋果酒Yosé Rosé ₩1萬7900 5 梨子氣泡酒Honeymoon Bae ₩1萬7900 6 朝鮮三大名酒之一的甘紅露約₩4萬5000。

酒品專賣店

1 五味子馬格利ONZI OH（온지 오）！₩1萬5500 2 C馬格利Signature Nine ₩1萬4500 3 Daraengi Farm的柚子馬格利₩4500 4 Ash Tree Brewery的Double IPA，BLOOD EAGLE ₩9500 5 老闆Kim Ho Il會詳細介紹各種酒的特色。

酒流社會
주류사회

（傳統酒 & 精釀啤酒）

請擅長日語的老闆推薦好酒

老闆幾年前曾至馬格利學院進修，培養專業知識，店裡都是他精挑細選的品項，包含100多種不同類型的馬格利與精釀啤酒。

MAP P.179 B-4 ☎010-2185-8139 ✦麻浦區楊花路Mecenatpolis Mall B1 B139號 ⏰13:00~21:00 🔒無休 🚇地下鐵2‧6號線合井站10號出口步行3分鐘（合井）📷 sool_society

SEOUL GYPSY
서울 집시

韓方與韓國特色食材結合啤酒

這間酒廠最早的生產形式是向其他酒廠租借設備釀酒的「吉普賽酒廠」。店裡常備8～10種汲飲啤酒。

(MAP)P.177 C-2 ☎02-743-1212 🏠鍾路區西巡邏街107 🕓16:00～23:00、週六、日15:00～ 🔒週一 ◎地下鐵1、3、5號線鍾路3街站7號出口步行5分鐘〔西巡邏街〕⊚ seoulgypsy

韓屋

1 2017年於西巡邏街（P.92）開業 **2** 2021年在光州設立釀造廠 **3** 改建自1950年代韓屋，漢南洞也有分店 **4** 啤酒種類會定期更換，一杯₩8500起。

Best time!

20:00

今晚想上哪裡找樂子？

在酒專小酌韓國傳統酒
or 在韓屋暢飲精釀啤酒

如果你喜歡馬格利與任何韓國的傳統酒，可以到酒品專賣店（酒專）品嘗韓國各地的酒品。
在傳統韓屋新生的啤酒屋或酒吧品嘗精釀啤酒也別有一種情調！

獨一酒宅
독일주택

經營理念為「獨飲愛酒的家」

老闆是名攝影師，他將以前祖母居住的韓屋翻修成咖啡廳兼酒吧。店裡提供許多美國小型釀酒廠進口的精釀啤酒。

(MAP)P.174 D-1 ☎02-742-1933 🏠鍾路區大明1街16-4 🕓16:00～凌晨1:00，週五15:00～、週六、日14:00～ 🔒無休 ◎地下鐵4號線惠化站4號出口步行2分鐘〔大學路〕⊚ germany_house

1 天氣好的時候可以在小院子的露天座位喝一杯 **2 3** 韓屋獨特的風情與木質的溫暖都很迷人 **4** Old Rasputin、Imperial Stout ₩1萬2000 **5** Heretic Evil Twin Red Ale ₩1萬1000 另有無酒精雞尾酒和咖啡。

稻草燻烤過的
超大塊帶骨肋排！

夢炭的
帶骨牛肋排（1人份）
₩3萬2000

夢炭的
洋蔥炒飯₩5000

最後一定要點炒飯

Ａ 最後再加入洋蔥丁和辛奇，做成炒飯。店家還會將骨頭上殘留的肉削下來加進去。

＞ 就算排隊也要吃！ ＜

烤肉、豬腳、烤全雞……

고기

Ｅ 超人氣烤肉店夢炭從早上就大排長龍。他們的帶骨牛肋排事前用稻草燻烤，香氣迷人，口感軟嫩。早上11點開始登記候位，但如果想要第一批入座，平日也必須10點就去排隊，週末更是要趕在9點半以前到場。

Ｄ 提供的醬料也相當少見，例如用醋、醬油和蔥調製的醬汁與豬排醬。

用穎殼與備長炭
烤出誘人香氣

想要烤五花肉以及肩胛肉

肉典食堂1號店的
肩胛肉（1人份）
₩1萬7000

又厚又多汁！

Ｃ 口感軟嫩的豬肩頸肉。店家會直接烤一大塊厚實的肉排，烤得恰到好處再分切成一口大小。沾鹽或芥末都很好吃！

直火匠人的
豬鮪魚排（1人份）
₩1萬8000

Ｄ 將豬肉喻為鮪魚的「豬鮪肉」，按脂肪多寡分成4個部位，並分別烤成最適合的熟度。

※烤肉類餐點至少要點2人份

喜歡的蔬菜吃到飽！

ⓓ 可以自行至店內蔬菜區無限取用新鮮菜類！用蔬菜將辣炒豬肉和飯包起來一起吃。

多菜 東大門店的炒肉菜包飯套餐（1人份）₩1萬8000

風格新奇的炸豬腳

晦日豬腳 總店的炸辣椒豬腳₩3萬8000

ⓔ 韓國人愛吃豬腳。這道豬腳的肉質又Q又軟，顛覆了一般人對豬腳的印象。

ⓕ 炸豬腳上面還有酥酥脆脆的炸青辣椒。可以享受到酥脆與Q彈兩種口感！

聖水豬腳的豬腳（中）₩4萬

山毛櫸木材直火烘烤！

雞流館的櫸木柴燒虎掌菇全雞₩2萬

ⓖ 烤全雞中塞了營養價值極高的虎掌菇、銀杏和糯米，跟馬格利是絕配。

烤全雞裡面還塞了滿滿的米飯

A 夢炭
몽탄
MAP P.181 C-1 ☎02-794-8592 🏠龍山區白凡路99街50 ⏰12:00～（LO21:00）🔒無休 🚇地下鐵4・6號線三角地站8號出口步行1分鐘〔新龍山〕
📷 @ mongtan_official

B 直火匠人
직화장인
MAP P.174 F-3 ☎070-4010-2416 🏠中區蘭溪路11街5 ⏰16:00～22:00（LO21:30）、週六・日12:00～無休 🚇地下鐵2・6號線新堂站2號出口步行3分鐘〔新堂洞〕
📷 jika_master_

C 肉典食堂 1號店
육전식당 1호점
MAP P.172 D-2 ☎02-2253-6373 🏠東大門區蘭溪路30街16 ⏰11:00～15:00、16:00～22:00（LO21:00）🔒無休 🚇地下鐵1・2號線新設洞站10號出口步行1分鐘〔新設洞〕

D 多菜 東大門店
다채 동대문점
MAP P.174 F-3 ☎02-2231-3392 🏠中區馬場路1Ga街 DWP大樓9F ⏰10:00～22:00（LO21:00）、週六～21:00（LO20:00）🔒週日 🚇地下鐵1・4號線東大門站8號出口步行12分鐘〔東大門〕

E 聖水豬腳
성수족발
MAP P.182 D-2 ☎02-464-0425 🏠城東區蝶戀山路7街7 ⏰12:00～22:00 🔒無休 🚇地下鐵2號線聖水站3號出口步行2分鐘〔聖水〕

F 晦日豬腳 總店
그믐족발 본점
MAP P.173 A-4 ☎02-6104-6453 🏠永登浦區京仁路79街21 ⏰16:00～22:30（LO22:00）🔒週一 🚇地下鐵2號線文來站7號出口步行8分鐘〔文來〕
📷 geumeumjokbal

G 雞流館
계류관
MAP P.174 F-3 ☎02-2235-6189 🏠中區退溪路87街15-17 102、103號 ⏰16:00～23:30（LO22:30）🔒無休 🚇地下鐵2・6號線新堂站2號出口步行1分鐘〔新堂洞〕
📷 wood_fire_bamm

章魚、小腸、蝦子
甜辣又Q彈的極品火鍋！

\美味海鮮也不能錯過！/

海鮮料理

해산물

🅐 炸青辣椒鑲肉
₩6000

🅑 將活跳跳的章魚豪邁地放入鍋中，和蔬菜一起用苦椒醬炒過後煮成火鍋。最少要點2人份。

輪船汽笛的
生章魚火鍋
（1人份）₩3萬

🅒 套餐附的白飯還加了韓國海苔和飛魚子。挖一點到蟹殼裡，和蟹膏拌在一起也很好吃。

平和延南的
章腸蝦鍋（小）
₩3萬5000

🅐 章腸蝦鍋是將章魚、小腸、蝦子一起用甜辣醬炒過後煮成的火鍋，不過這間店是用韓國牛的大腸取代小腸，味道更豐富。

附飛魚子醬和海苔的白飯

🅐 平和延南

평화연남

(MAP) P.178 D-2 ☎02-322-8292 🏠麻浦區東橋路254-1 🕚11:30～22:30（LO21:30）余遠一～五午休時間15:30～16:30 🔒無休 🚇機場快線／地下鐵線2號線弘大入口站3號出口步行7分鐘〔延南洞〕

@ pyeonghwa_yeonnam_official

🅑 輪船汽笛

뱃고동

(MAP) P.185 C-1 ☎02-514-8008 🏠江南區彥州路172街54 B1 🕚11:30～22:00（LO20:50）、週日與國定假日12:00～ 🔒無休 🚇水仁・盆唐線狎鷗亭羅德奧站6號出口步行5分鐘〔狎鷗亭〕

🅒 Myung Hyun Man醬油蟹吃到飽

合井總店

명현만간장게장무한리필 합정본점

(MAP) P.179 B-4 ☎0507-1302-3837 🏠麻浦區楊花路Mecenatpolis Mall B1 123～129號 🕚11:00～22:00（LO21:30）🔒無休 🚇地下鐵2、6號線合井站10號出口步行1分鐘〔合井〕

醬油蟹裡還有蝦
兩種海鮮一次滿足！

母花蟹鮮蝦套餐
₩2萬8900

🅒 除了套餐，還可以點醬油蟹吃到飽。講究CP值的人來這裡就沒錯了。

136

오늘 뭐 먹지?

什麼？

多人共享更好吃！

火鍋

탕 & 찌개 & 전골

辛味食堂的
馬鈴薯排骨湯（小）
₩3萬3000

D 用大塊豬背脊肉和
馬鈴薯做的辣火鍋。

加陽刀削麵辣菇湯的
菇菇鍋（1人份）
₩1萬3000

F 加了大量蘑菇和水芹的火鍋。
吃到一半可以加入麵條，最後再
用炒飯收尾，一鍋三吃。

豬肉燉得超軟爛♡

類似燉菜的部隊鍋

大海食堂的
詹森鍋（2人份）
₩2萬4000

E 加了午餐肉、香腸和
起司的微辣湯鍋，味道
清爽卻又帶點厚實感。

陳玉華奶奶元祖一隻雞的
一隻雞
₩2萬8000

G 一隻雞就是用上全雞的煲雞湯。
雞肉可沾上醋醬油和辣椒醬吃，
吃到最後再將麵條加入鍋中！

辣香味十足！

D 辛味食堂
　신미식당
(MAP) P.185 C-1 ☎02-516-4900 ♠
江南區狎鷗亭路214 ○11:00～
15:00、17:00～22:00 🔒週六 ♀地
下鐵3號線狎鷗亭站2號出口步行3分鐘
〔狎鷗亭〕

E 大海食堂
　바다식당
(MAP) P.180 E-3 ☎02-795-1317 ♠龍
山區梨泰院路245 2F ○11:30～
22:00 🔒每月第1、3、5個週一 ♀地
下鐵6號線漢江鎮站1號出口步行6分鐘
〔漢南洞〕

F 加陽刀削麵
　辣菇湯
　가양칼국수버섯매운탕
(MAP) P.173 A-4 ☎02-784-0409 ♠
永登浦區國際金融路弘宇大廈 B1 ○
11:30～21:00 🔒無休 ♀地下鐵9號線
賽江站2號出口步行8分鐘〔汝矣島〕

G 陳玉華奶奶
　元祖一隻雞
　진옥화할매원조닭한마리
(MAP) P.176 F-3 ☎02-2275-9666 ♠
鐘路區鐘路40Ga街18 ○10:30～凌晨
1:00（LO23:30）🔒無休 ♀地下鐵
1、4號線東大門站9號出口步行5分鐘
〔鐘路〕

溫和的滋味滲入五臟六腑

07

NIGHT TIPS

逛逛特定季節現蹤的漢江沿岸夜市，登高欣賞燈火通明的美麗夜景！

夜景
야경
山頂上、漢江邊、城市裡
處處都能欣賞炫目的夜景

N首爾塔每晚都會點燈，塔上有一座海拔479公尺的觀景台，可以俯瞰整個首爾。成人入場門票2萬1000。南大門與首爾車站之間的空中步道「首爾路7017」也是夜間散步的好去處。盤浦漢江公園有彩虹水舞秀，可以欣賞橋上噴出的水在空中畫出道道彩虹。樂天世界塔則擁有韓國最高的瞭望台，視野極佳。

©stockforyou/shutterstock.com

樂天世界塔
롯데월드타워
(MAP) P.172 F-4 ☎02-3213-5000 ⌂松坡區奧林匹克路300 ⊙9:30～22:00（各設施情況不一）🔒無休 ♀地下鐵2、8號線蠶室站1、2號出口直達〔蠶室〕

©Nghia Khanh/Shutterstock.com

首爾路 7017 서울로 7017
(MAP) P.174 B-4 ⌂中區退溪路一帶 ♀地下鐵4號線首爾站2號出口、地下鐵4號線會賢站4號出口步行3分鐘〔首爾車站／南大門〕

夜市
한강 달빛 야시장
每年定期舉辦的
漢江公園夜市！

漢江月光夜市
한강 달빛 야시장
🅞hangangmoonlightmarket
(URL) https://
hangangmoonlightmarket.org/

©LegoCamera/Shutterstock.com

首爾自2015年起，每年夏天都會舉辦「首爾夜貓子夜市」。雖然2019年後因新冠疫情而停辦，但2022年改名「漢江月光夜市」重新開張。汝矣島、漢江公園和盤浦漢江公園有許多賢串和攤販，熱鬧得像過往的夜市的舉辦日期和地點都不見一樣，記得上官方網站或官方社群平台確認最新資訊。

©photo creator CH/Shutterstock.com

盤浦漢江公園 반포한강공원
(MAP) P.173 C-4 ⌂瑞草區新盤浦路11街40 盤浦漢江公園內月光彩虹水舞 ⊙12:00、19:30、20:00、20:30、21:00、7～8月加開21:30的場次 ♀地下鐵3、7、9號線高速巴士客運站8-1號出口步行15分鐘〔盤浦〕

N 首爾塔 N 서울타워
(MAP) P.175 C-5 ⌂龍山區南山公園街105 ☎02-3455-9277 ♀地下鐵4號線明洞站3號出口至纜車站步行15分鐘〔南山〕

©Guitar photographer/Shutterstock.com

138

美食街
먹자골목

前往在地人常去的美食街
大吃特吃！

在韓國有許多的主題「美食街」（먹자골목），例如肋排街、豬腳條街都是同類型的店家。當地的美食家也都讚不絕口。像是明洞炸雞街上就有許多連鎖炸雞店，夏天時也會設置戶外桌椅，營造出啤酒花園般的氛圍！

明洞炸雞街
명동치킨골목

(MAP) P.177 B-5 中區明洞7街21周邊 地下鐵2號線乙支路入口站6號出口步行3分鐘〔明洞〕

還有這麼多美食街！

肋排
聖水洞名갈비골목
성수동갈비골목
(MAP) P.183 B-2 城東區纛林4街27 地下鐵2號線鷺島站8號出口步行4分鐘〔聖水〕

烤肉
鍾路3街烤肉街
종로3가고기집골목
(MAP) P.177 C-3 敦化門路11Ga街7一帶 地下鐵1、3、5號線鍾路3街站6號出口旁邊〔鍾路3街〕

一隻雞
東大門一隻雞街
동대문닭한마리골목
(MAP) P.176 E-3 鍾路區鍾路5街37-7一帶 地下鐵1、4號線東大門站9號出口步行5分鐘〔東大門〕

豬腳
孔德洞豬腳街
공덕동족발골목
(MAP) P.173 B-3 麻浦區孔德洞256-10 孔德市場內 地下鐵5、6號線孔德站5號出口步行1分鐘〔孔德〕

刀削麵
南大門刀削麵街
남대문칼국수골목
(MAP) P.175 B-4 中區南倉洞64-13 地下鐵4號線會賢站5號出口步行1分鐘〔南大門〕

生拌牛肉
廣藏市場生拌牛肉街
→P.23

人生四格照
네컷사진

想去哪拍，就去哪拍！
街上處處找得到拍貼機

韓國街上到處都有擺著好幾台拍貼機的自助店面，24小時想拍就拍。每間店也會準備各種服裝與道具，例如帽子、太陽眼鏡，不同機型拍出來的質感與角度也有不同的特色。最近還出現一種將鏡頭裝在高處的機型，例如DON'T LXXK UP。這種機型相當受歡迎，可以拍出張力十足的構圖。這些拍貼機廠商也經常與當紅品牌或回歸的偶像合作，推出限時特殊相框，行前別忘了多查資料！

DON'T LXXK UP
돈룩업
dontlookup.official

還可以從上面拍下來！

相框類型五花八門

HARU FILM
하루 필름
haru.film_

餐廳注意事項

熱門餐廳一定要排隊！
記得在店門口的機器登記

至熱門餐廳用餐時，通常要在店門口的機器上輸入名字和聯絡方式，登記候位。為求方便，行前可以申辦有韓國電話號碼的SIM卡。如果沒有電話號碼，也可以直接洽詢工作人員。

有些餐廳的廁所
可能不在店裡

很多餐廳的廁所都是跟其他店家共用，使用前記得向店員詢問密碼及鑰匙的位置。安全起見，如廁時建議2人以上結伴前往。

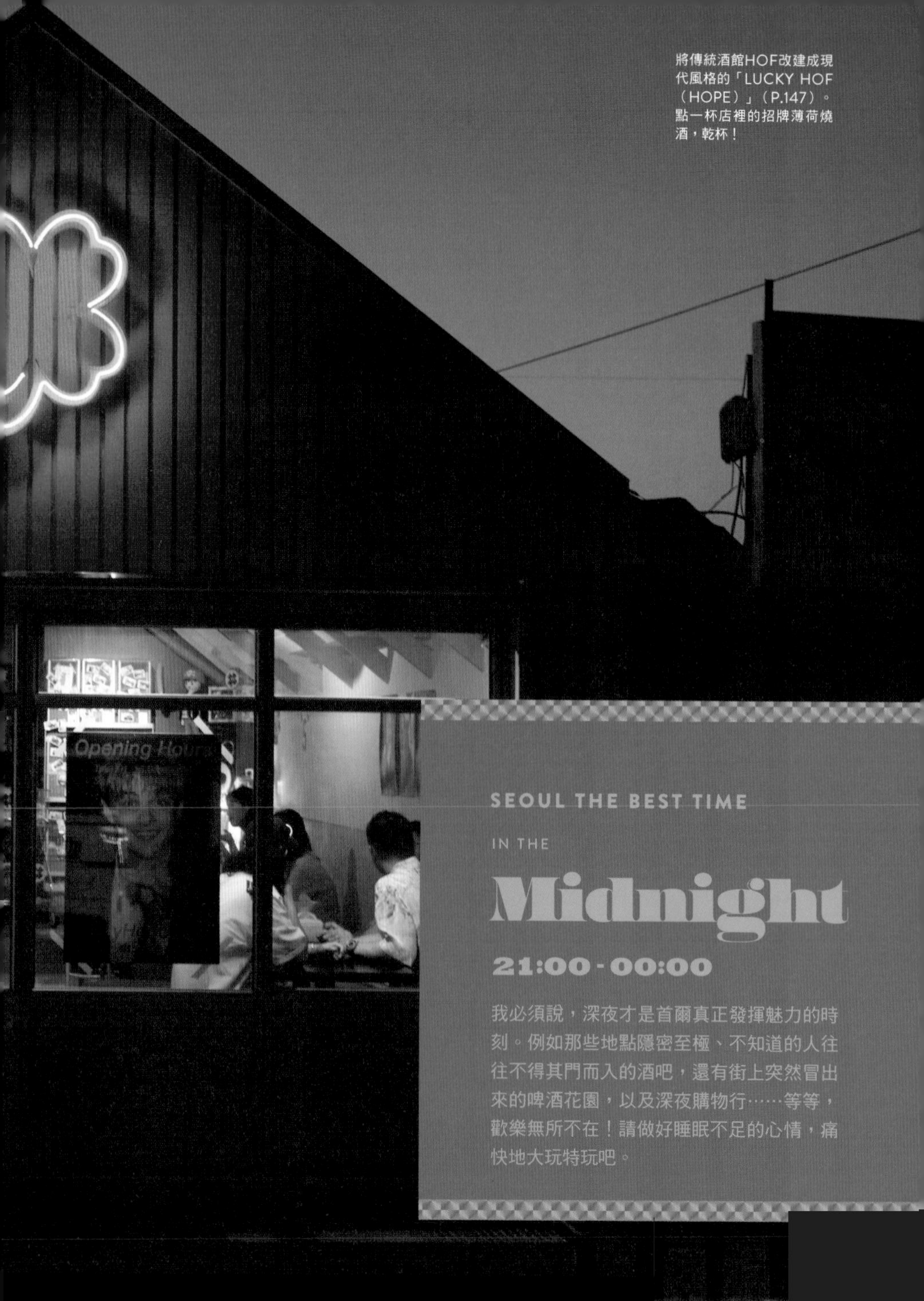

將傳統酒館HOF改建成現代風格的「LUCKY HOF（HOPE）」（P.147）。點一杯店裡的招牌薄荷燒酒，乾杯！

SEOUL THE BEST TIME

IN THE

Midnight

21:00 - 00:00

我必須說，深夜才是首爾真正發揮魅力的時刻。例如那些地點隱密至極、不知道的人往往不得其門而入的酒吧，還有街上突然冒出來的啤酒花園，以及深夜購物行……等等，歡樂無所不在！請做好睡眠不足的心情，痛快地大玩特玩吧。

Best time!
21:00

地下酒吧or屋頂酒吧？

走進隱密酒吧，
為首爾的夜晚乾杯♪

你喜歡暗門後頭的地下酒吧（Speakeasy），還是可以遠眺N首爾塔的景觀酒吧？以下推薦幾間內行人都懂去的酒吧！

> 冰箱門就是酒吧的入口！

1 樓有一般吧台座位，2樓（照片）座位則是下沉式空間。

地下酒吧

Jean Frigo
장프리고

偽裝成蔬果行的咖啡廳兼酒吧

外觀看似蔬果店，冰箱後頭卻藏著一間時髦的咖啡廳兼酒吧。除了雞尾酒，也提供許多時令蔬果等無酒精飲品。

MAP P.176 F-5 ☎02-2275-1933 🏠中區退溪路62街9-8 ⏰17:00～凌晨1:00 🔒週一 📍地下鐵2、4、5號線東大門歷史文化公園站4號出口步行4分鐘〔東大門〕
📷 jeanfrigo_official

1 入口位在最角落的冰箱 **2 3** 季節鮮果汁₩7000起，雞尾酒₩1萬6000起。如果坐在二樓，可以透過公共電話向一樓吧台點酒，或直接到一樓吧台。

Le Chamber
르챔버

地下酒吧

品嘗一流調酒師調製的雞尾酒

這間高級酒吧於2014年開幕，老闆曾得過國際調酒大賽獎項。店裡以貴族享樂的空間為概念，也有不少藝人是這間店的常客。

MAP P.184 D-1 ☎010-9903-3789 🏠江南區島山大路55街42 B1 ⏰19:00～凌晨3:00、週五、六凌晨4:00，週日～凌晨2:00 🔒無休 📍水仁・盆唐線狎鷗亭羅德奧站4號出口步行1分鐘〔狎鷗亭〕📷 le_chamber

1 雞尾酒₩2萬7000起，座位費₩1萬。若預計週五～日前往則建議訂位 **2** 按下書櫃上的隱藏按鈕，店門就會敞開。

⭐⭐⭐ 新堂洞的Speakeasy酒神堂（P.120）是Jean Frigo老闆的另外一間店。

142

還看得見
首爾塔！

1

屋頂酒吧

SEOUL LUDENCE
서울루덴스

可以遠眺N首爾塔的隱密好店

這間咖啡廳兼酒吧位於經理團路的坡道上。夏天時，店家會打開窗戶，進一步擴大擺著椰子樹的露台空間，可以感受到惬意的晚風吹拂。

MAP P.180 D-2 ☎02-795-4151 龍山區槐樹路69 2F 13:00～凌晨2:00 無休 地下鐵6號線綠莎坪站2號出口步行19分鐘〔經理團路〕

2

1 2無論坐在露台座位還是室內座位，都能清楚望見N首爾塔，所以冬天也很推薦上門。而且這裡白天的景觀也美得沒話說，當咖啡廳坐坐也不賴 **3** Mojito ₩1萬8000。由於這間店的招牌並不醒目，前往時得多加留意，以免錯過。

3

Best time!
21:00

走進去就出不來的藥妝店……

完蛋，要被 OLIVE YOUNG 困住了！

分店總數量稱霸韓國的藥粧店 OLIVE YOUN不G有太多優質商品，逛著逛著就小心忘了時間！

用塗的就能讓牙齒變白!?

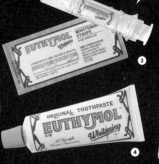

美白產品超豐富！

牙齒美白

❶在社群媒體上很多人推薦的美白牙膏 Vussen28 ₩1萬1000 ❷牙膏BYCOLOR ₩1萬 ❸EUTHYMOL牙齒美白貼（加強版+貼片）₩2萬4900 ❹EUTHYMOL美白牙膏₩1萬5900。

呵護被吹風機熱風傷害的頭髮

加了艾草精華鎮靜肌膚！

受損髮質的救世主

護髮產品

❾GROWUS損傷修護免沖洗護髮噴霧 ₩2萬6000 ❿moremo髮油Miracle 2X ₩1萬9000 ⓫強健髮根的洗髮精 Dr.FORHAIR Folligen Bio-3 ₩2萬4000。

解決肌膚的煩惱！

護膚產品

❺含化妝水的棉片。It's Skin POWER 10 FORMULA LI化妝水棉片₩2萬5000 ❻HANYUL新芽的艾草水分鎮靜棉片₩2萬9000 ❼舒緩敏感肌的化妝水Anua魚腥草77化妝水₩4萬5000 ❽goodal魚腥草鎮靜水分化妝水₩3萬。

簡單貼輕輕撕♪

旅行途中也想使用！

面膜

⓬Torriden微分子玻尿酸保濕面膜₩3萬（10片）⓭緊緻毛孔的numbuzin 3號刺痛針扎配方中心面膜₩1萬6000（4片）⓮d'Alba白松露滋養面膜₩5000。

OLIVE YOUNG 江南TOWN
올리브영 강남 타운

韓國國內店面數量超過1200家

這間擁有3層樓的大型分店於2022年11月翻新，商品不只包含化妝品，還有零食、葡萄酒等飲料食品！

MAP P.185 B-4 ☎02-532-7444 ⌂瑞草區江南大路429 ⏰10:00～22:30 🔒無休 🚇地下鐵2號線／新盆唐線江南站10號出口步行4分行〔江南〕
📷 oliveyoung_official

吃了更漂亮！
保健食品＆點心類

⓮蜂蜜奶油口味的貝果脆餅乾₩2700 ⓯可以消水腫的nothing better LUV TEA南瓜茶₩7900 ⓰知名維生素補充品orthomol immun綜合維生素與礦物質₩3萬8000（7支裝）⓫Centrum綜合軟糖₩1萬2000。

沉醉於迷人香氣
香氛產品

⓭OHSCENT香氛袋一個₩7000。可以掛在衣櫥裡 ⓰可以消除衣物烤肉味的噴霧，BBAAM！番紅花除臭噴霧₩9400 ⓱W.DRESSROOM生活護手霜₩1萬2500。

維生素界的愛馬仕

消除臭味！

抗痘又抗皺
貼片

㉓MARSHIQUE的抗皺修復眉間貼片₩1萬2900 ㉓MARSHIQUE的八字紋貼片₩1萬2900 ㉓ACROPASS微針抗痘修護貼布₩9800（6片裝）。

簡單貼輕鬆撕♪

微針型貼片抗痘超有效！

用貼的超輕鬆！
美甲片

㉕可以直接貼在指甲上的凝膠美甲片，EDGEU精緻凝膠指甲包膜₩1萬 ㉔可以輕鬆更換的凝膠甲片，DASHING DIVA MAGIC PRESS一包₩1萬4800。

韓國藥妝店掃貨小知識

TIPS 3
日本可能更便宜!?
貨比三家不吃虧

某些商品或特定時期，在日本網購韓國藥妝可能更划算。建議購買前先上官方網站或線上免稅商城比較一下價格。

TIPS 2
記得請店家
協助退稅

單筆消費達到₩3萬以上、₩30萬以下，只需出示護照即可享免稅價格。不需要額外手續，立即退稅。

TIPS 1
購物袋＝BonTu
韓國的袋子要加購

OLIVE YOUNG會用沒有提把的紙袋裝商品，但手提紙袋則需額外花₩100加購。袋子的韓文唸作봉투（BonTu）。

Best time!

21:00

在地人都這樣玩！

內行人才懂的
時髦夜生活

深入在地內行人夜晚聚會的場所，從
充滿在地情懷的小酒館街，逛到年輕
人喜愛的居酒屋。

內行度 ★★★

1

熱氣蒸騰！
坐在路邊乾杯

鍾路3街站附近有許多攤販和居酒屋，甚至
整條街都是可以吃吃喝喝的攤商。春天到秋
天，每天晚上都熱鬧非凡，簡易的桌椅甚至
一路排到車道邊緣。讓我們也享受一下這份
活力吧。

鍾路3街布帳馬車街
종로3가 포차거리

MAP P.177 C-3 🏠鍾路區敦化門路11
街 🕐17:00左右～凌晨0:00左右
無休 📍地下鐵1、3、5號線鍾路3街
站3～6號出口旁邊〔鍾路3街〕

位於鍾路3街站3號出口與4號出口之
間的「NODAJI」。平日約晚上8點，
週末大約下午5點就會開始在戶外擺桌
椅。海鮮韭菜煎餅₩1萬8000。

內行度 ★★

2 點著霓虹燈的新式居酒屋 挑戰傳說中的薄荷燒酒！

這間店於2023年2月開幕，以現代風格重新打造傳統韓式HOF（酒館），店內擺了許多韓國1990年代風格的物品。

LUCKY HOF（HOPE）
럭키호프

MAP P.181 A-4 ☎02-790-1519 龍山區漢江大路15街19-4 ⏰18:00～凌晨0:00（LO23:00），週六、日17:00～ 週一 📍地下鐵4號線新龍山站3號出口步行8分鐘〔新龍山〕 📷 lucky.hof

討論度超高的薄荷味特色燒酒，Lucky Soju Mint ₩1萬8000。荏胡麻油拌麵和螺肉₩1萬9000。

薄荷燒酒加氣泡水

內行度 ★★

3 復古風格超可愛的海鮮居酒屋 喝酒配韓式生魚片！

到海鮮居酒屋吃吃看韓式生魚片，可以沾一點苦椒醋醬，或用蔬菜包起來吃。點餐時有個規則，2人要點1道主菜，3～4人則至少要點2道主菜。

魚缸路
어항로

MAP P.181 C-2 ☎010-4513-1180 龍山區漢江大路5252街17-4 ⏰17:00～凌晨0:00（LO23:00），週六16:00～ 週日 📍地下鐵4號線三角地站3號出口步行3分鐘〔新龍山〕 📷 uh.hang.ro

海鮮拼盤 ₩3萬9000

當日熟成生魚片₩3萬9000，可以品嘗到杜氏鯒等三種不同口味的生魚片。

甜酸辣拌麵

不辣的麵
也很好吃

健康版的
辛拉麵!?

保證買到手軟!

韓國泡麵

好吃到沒天理。

還有
雜菜冬粉

吃了也不會
產生罪惡感的
泡麵

分送的大包裝商品！

超市購買分送用伴手禮

手禮！用最實惠的價格買到韓國特產。

韓國海苔

買到別人以為
你在做生意。

酥酥
脆脆又
香噴噴

韓國 特色茶飲 ！

帶甜
點口味的
烤牛肉
口味的

喝茶也能
幫助排毒

Ⓐ平麵配上甜鹹醬汁的炸醬麵₩6800（4包）Ⓑ牛骨湯底的海帶芽湯麵₩5680（4包）Ⓒ簡單方便的雜菜冬粉調理包₩5980（4包）Ⓓ清爽微辣的拉麵₩7800（4包）Ⓔ加入蘋果風味精華，又甜又酸辣的拌麵₩3650（4包）Ⓕ麵條口感彈牙的拌Q麵₩3580（4包）Ⓖ非油炸的辛拉麵₩4580（5包）Ⓗ玉米鬚茶的茶包₩5000（50入）Ⓘ烤海鳥苔，名稱源自其原料蟲曲的樣子很像韓國烤腸，特色是口感較厚實₩6990（20包）Ⓙ韓式烤牛肉口味的海苔₩1萬1480（24包）。也有辛奇口味Ⓚ醬油鮑魚口味的海苔香鬆₩5980（2包）。

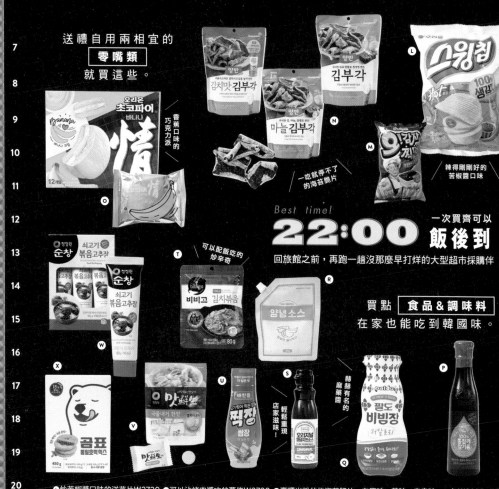

送禮自用兩相宜的 **零嘴類** 就買這些。

香蕉口味的巧克力派

一吃就停不了的海苔脆片

辣得剛剛好的苦椒醬口味

可以配飯吃的炒辛奇

Best time!
22:00 飯後到
一次買齊可以

回旅館之前，再跑一趟沒那麼早打烊的大型超市採購伴

買點 **食品&調味料** 在家也能吃到韓國味。

赫赫有名的麻藥醬

店家滋味！輕鬆重現

ⓛ炒苦椒醬口味的洋芋片₩2720 ⓜ可以沾烤肉醬吃的薯條₩2720 ⓝ裹糯米粉的炸海苔脆片，有原味、蒜味、辛奇味，一包₩2320 ⓞ香蕉口味巧克力派₩4320 ⓟ香氣濃郁的麻油₩9800 ⓠ知名乾麵品牌的拌麵醬。另有低卡版本₩3980 ⓡ老字號炸雞店Pelicana的洋釀醬。淋在炸雞上就能做出洋釀口味₩4080 ⓢ知名連鎖店BBQ Chicken的洋釀炸雞醬₩3990 ⓣ下飯的炒辛奇₩7980（5包）ⓤ烤豬五花沾的味噌醬，包飯醬₩3780 ⓥ沙丁魚高湯塊₩9900 ⓦ含牛肉的拌炒苦椒醬₩6480（3瓶）ⓧ全麥糖餅粉₩4900。

樂天超市 首爾站前店
롯데마트 서울역점

就在首爾車站旁！位置超便利的超市

有專賣食品的樓層、化妝品賣場，還有美食廣場。當地觀光客眾多，所以很多地方都看得到日語標示，也有提供EMS快遞服務（付費，僅週一、五、六營業），還可以辦退稅，非常方便！

(MAP)P.175 B-5 ☎02-390-2500 ♠中區青坡路426 ⊙10:00～凌晨0:00 ♠每月第2、4個週日 ♠機場快線／地下鐵1、4號線／京義中央線首爾站1號出口步行2分鐘（首爾車站）

無印良品進駐！
3樓的「無印良品」不僅販售許多韓國獨家商品，也有豐富的化妝品和生活用品，一站就能夠買齊各種東西。

大件行李不可入內
店內不允許攜帶大件行李，所以先將行李寄放在入口處的置物櫃，再推著購物車進該賣場吧。

22:00

成千上萬的服飾逛都逛不完！

nyu・nyu的
深夜shopping

零售＆批發服飾商業大樓林立的東大門，直到深夜都不愁沒地方逛。覺得逛批發商家門檻較高的人，推薦到nyu・nyu看看。

飾品種類特別豐富！

IN THE **Midnight** (22:00-00:00)

東大門Night Shopping Tips

DOOTA各個攤位的打烊時間不同

DOOTA MALL有東西可以買，也有美食可以吃。雖然中心本身是24小時營業，但某些商家晚上10～11點就會打烊，美食廣場的部分攤位也是於晚上9～10點間收攤。

DOOTA MALL
두타몰

(MAP) P.176 F-4 ☎02-3398-3333（遊客服務中心／B2）⌂中區獎忠壇路275 ◷10:30～凌晨0:00 ⌂無休 ♀地下鐵1、4號線東大門站8號出口步行3分鐘〔東大門〕
◉ doota_official

事先確認商業大樓的公休日！

各個大樓的公休日不見得都相同，以包包聞名的N.P.H（南平和市場）和專賣鞋子的TEAM204分別於週五和週六公休，以零售為主的Hello apM則是週二公休。深夜至清晨是批發大樓最繁忙的時刻，有些攤商這段期間也會暫停零售業務。

留意深夜時段的交通方式

疫情之後，深夜要攔計程車更難了。雖然有深夜巴士可以搭，但也必須事先查好行經飯店的路線。如果飯店在東大門就不必擔心，可以用走的回去。

★ ★ ★ 東大門愈來愈數位化，還推出線上服務Sinsang Market（◉ sinsang_jp），上網就能批貨！

Bags & Clothes

1樓有大量的衣服!

襪子、包包、帽子在2～3樓 ▲方形漆皮包₩1萬9800 ❸單肩包₩1萬9800 ❹討喜的蓬蓬設計₩1萬9800 ❺附蝴蝶結的設計襪₩5000 ❺透膚襪₩5500。

Accessories

全店1～3樓的飾品挑不完! ❺緞帶髮夾一件₩4000 ❺異材質拼接的甜美緞帶仿珍珠項鍊₩1萬4500 ❺手鍊₩6000 ❺串珠項鍊₩1萬1500 ❺❺熱門的心形頸鍊一件₩6000。

也有一些比較簡單的樣式

帽子在2～3樓!

Earrings

nyu・nyu
뉴뉴

2萬件以上飾品任君挑選

這間飾品批發商也有提供零售服務。每層樓的產品都不一樣,還有賣帽子、包包、衣服、鞋子,所有潮流單品都能在這裡找到。

MAP P.174 F-3 ☎02-2235-0921 ⌂中區馬場路34 ⏰11:00～凌晨5:00 🔒無休 📍地下鐵2、6號線新堂站10號出口步行4分鐘〔東大門〕
ⓘ nyu_nyu_official

有些促銷中的耳環甚至不用₩3000! ❺具透明感的大耳環₩5000 ⓜ粉彩色調耳環₩6000 ⓝ紫色&金色的耳環₩7500 ⓞ心型耳環₩2500 ⓟ仿珍珠耳環₩8000。耳扣部分設計成銀色珍珠造型,相當受歡迎。

23:00

回飯店前再跑一攤！
第3攤就在
便利商店 편맥

편맥（pyon me，便啤，便利商店與啤酒的簡稱）指在便利商店買了啤酒後，坐在店外用餐區喝酒的活動。這可是首爾夏季的美好光景，請抱著輕鬆的心情乾一杯吧！

\ 便利商店名單 /
편의점 리스트

CU
유
店數量最多，投注不少力於便當類，也與名人合作推出聯名商品。

S25
에스25
韓資大型超商品牌，分店數量排名第二。特色是擁有大量自品牌商品。

7-EVEN-ELEVEN
븐일레븐
在台灣也很常見的連鎖超商，分店數量排名第三。在韓國屬於樂天集團。

emart24
이마트24
大型超市「emart」於2017年成立的便利商店品牌，分店數量排名第四。

還可以買伴手禮！

韓國的超商也有很多小包裝的食品以及單包裝泡麵，買起來沒壓力！

用微波爐調理

採用自助式加熱便當與食物。也提供泡麵專用的熱水。

還可以充電！

有些店還會開放免費使用插座，通常設置在內用區的吧台座位。

편의점（便利商店）的推薦商品

\ 聯名泡麵 /

辣雞麵₩1700。不倒翁芝麻拉麵（辣）₩2000。

還有點心麵。三養拉麵₩9000、辣炒年糕口味₩1200。

\ 也有無酒精啤酒！/

啤酒選擇多元，此處3罐₩1萬。最左邊的是無酒精啤酒₩2000。

\ 隨身小包裝 /

用吸嘴袋裝的高級燒酒WONSOJU。WONSOJU TO GO ₩3200。

GS25獨賣的電影院爆米花₩3200、超辣的辣炒年糕口味洋芋片₩1700。

\ 還有易飲的燒酒Highball /

蘋果啤酒、伯爵茶Highball、檸檬津₩2750。

\ 買來當早餐！/

脆片優格₩1800。可以將附贈的脆球或麥片拌進優格吃。

\ 包裝好可愛 /

賓格瑞的香蕉牛奶與草莓牛奶各₩1700。Light表示低糖。

\ 也有海苔飯捲等輕食 /

全州拌飯口味的飯捲₩2300、即食關東煮₩3900。

\ 防止宿醉的解酒藥 /

右：肯迪醒、左：醒可安。一包₩2900。

很適合當下酒菜的鱈魚絲。兩包₩5900。

\ 軟糖種類還不少 /

GS25獨賣的李子軟糖₩1500、優格軟糖₩7200。

MIDNIGHT TIPS

首爾的夜晚可沒這麼早結束！看看還有哪些精采的夜遊好去處。

投幣式KTV
코인노래방

唱多少投多少
輕鬆形式登主流

2首
₩1000

在小亭子裡面投幣點歌歡唱的小型KTV。韓國的投幣式KTV大多都是無人店，不過這間**有櫃台人員**，比較安心。

ROCK-Q Coin練歌房 弘大總店
락휴코인노래연습장 홍대본점
(MAP) P.179 C-4 ☎02-333-6670 ●麻浦區和諧廣場路74 B1~2F ⊙10:00～凌晨2:00、週二・四～凌晨4:00・週五～六～凌晨5:00 ●無休 ●地下鐵6號線上水站1號出口步行8分鐘〔弘大〕※晚上10點後未滿19歲禁止入場

自助泡麵店
라면편의점

24小時不打烊
隨時都能吃泡麵！

這是一間24小時營業的無人泡麵店。從整面牆的泡麵中挑出自己喜歡的口味，裝進碗裡，加入豆芽菜和蔥等免費配料，再用專用機器沖泡即可在店裡享用。食客泡菜鍋拉麵₩4300。

在機台結帳

泡麵便利商店
라면편의점
(MAP) P.177 C-4 ☎無 ●鍾路區敦化門路11 ⊙24小時 ●無休 ●地下鐵1、3、5號線鍾路3街站14號出口步行1分鐘〔鍾路3街〕

線上免稅店
온라인 면세점

線上迅速採購
免稅商品

善用網路購買免稅商品，白天就有更多時間跑行程，有時還能賺到促銷和特價活動的優惠。詳情請見樂天線上免稅店和新羅免稅店的網站。

注意！

☑ 地鐵有可能沒開到終點就直接靠站停駛！
地鐵每條路線的末班車時間都不同，但約都落在23:30～0:00。有些末班車不會開到終點站，中途就靠站停駛，建議大家時間抓鬆一點。

☑ 深夜想搭計程車難度直接三級跳
到了深夜，即使是當地人攔車，很多司機也可能因為不想開太遠而拒絕載客。自從新冠疫情爆發以來，使用app（P.169）叫車的難度也增加了。

無人冰淇淋店
무인 아이스크림 가게

無人商店更優惠
深夜就用冰淇淋收尾！

韓國的無人化商店發展興盛，包含咖啡廳、卡拉OK，近年來也出現愈來愈多無人冰淇淋店。無人商店的**某些商品可能會打折**，比到一般店家消費還要划算。有些店還會販賣零食和泡麵，當成便利商店也沒問題。

貓頭鷹巴士
올빼미버스

共有14條路線
行經首爾的深夜巴士

貓頭鷹巴士的**服務時間為23:30～凌晨5:00左右**，每30分鐘一班。共有14條路線穿梭於首爾市中心，**部分路線如N13、N16、N30、N62還會經過東大門地區**。很多計程車到了深夜會拒絕載客，建議事前查詢下榻飯店附近有沒有深夜巴士可以搭。

George Seoul

M1CT

망원시장

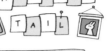
WARMGREY TAIL

고도식

루이스의 사물들

{ 호랑이 }

石村湖公園

YOUR-MIND

BREADY POST

당도

emis

Go to
Local
Town

搭電車、坐巴士，去看想看的城市、見想見的人

聖水洞 延禧洞 望遠洞 乙支路
漢南洞 松理團路

Cold Recipe

TONGUE

Anthracite

The Gelato House
aga

Well Haus

GROVE

Bonilla a la vista

GINGERBEAR PIE SHOP

LEEUM

po
set

ZERO SPACE

monami

연희별밥

서수동

聖水洞

**脫胎換骨的工業區！
首爾的布魯克林**

聖水洞位於首爾東部，原本是大小工廠林立的工業區，也曾是鞋匠雲集的製鞋業重鎮。近年來，年輕藝術家紛紛在此設立工作室，並且將許多工廠和倉庫翻修成時尚的咖啡廳，讓聖水洞搖身一變為時下潮流文化景點。

聖水洞的特色之一是有許多大型的工業風咖啡廳。

車廠改建的CAFE爺爺工廠（P.107）。

聖水的大馬路上有一棟棟倉庫改建的咖啡廳和商店。

ACCESS

最近的地鐵站是2號線的聖水站，從3號出口走到地標「大林倉庫Gallery Column」（見上圖）只需4分鐘。這一帶又稱聖水洞咖啡街，有不少咖啡廳。隔壁一站的纛島站周邊也有許多時髦的商家和咖啡廳，到那附近散散步也不錯。

地區迅速導覽

☐ **商店、咖啡廳都是工業風**
很多咖啡廳和商店都是老工廠和老倉庫翻修而成，不過也都保留了昔日風采。

☐ **鞋履與皮革工廠林立的工匠小鎮**
聖水洞自1970年代以來一直是鞋業重鎮，直至今日仍有許多小型鞋廠，甚至有些商店可以直接購買工匠製作的鞋子。

☐ **風氣擴及首爾林與建大入口！**
首爾林也有許多老屋新生的住宅形成的漂亮商家，而靠建大入口一帶則有「LCDC聖水」等新地標，裡面還有OIMU（P.91）！

13:00

還有附設商店！
裝潢超淘氣的
服飾品牌旗下咖啡廳

A TONGUE SEONGSU SPACE

텅 성수 스페이스

人氣服飾品牌ADERERROR開設的咖啡廳，
1樓還有類似畫廊的概念性展間兼賣場。

(MAP)P.182 D-3 ☎0507-1404-1119 🏠
城東區聖水2路82 2F ⏰10:00～21:00
🔒無休 📍地下鐵2號線聖水站3號出口步
行4分鐘 📷 tongue_cafe

拍起來超好看的創意餐點。右起：BLUE
CARIBBEAN ₩8000、EMOJI
CAKE（抹茶）₩1萬2000。

14:00

韓國代表性品牌
在文具店客製化一支
刻著自己名字的筆

B monami store
聖水店

모나미스토어 성수점

慕那美（monami）於1963年推出韓
國首支國產原子筆。這間店可以訂
製鋼筆墨水₩2萬5000，也可以自
製原子筆₩5000。原子筆售價₩1
萬5000起，可以加₩2000刻字。

(MAP)P.182 D-3 ☎02-466-5373 🏠城東
區峨嵯山路104 ⏰10:00～21:00、每月第
3個週一12:00～ 🔒無休 📍地下鐵2號線聖
水站4號出口步行1分鐘

15:00

室內裝潢也超可愛！
手作義式冰淇淋專賣店

C aga gelato 聖水

아가젤라또 성수

店家每日手工製作義大利冰
淇淋，有不少極具韓國特色
的口味，例如艾草口味。
→P.87

右起：奶油胡椒、
巧克力口味，一個
₩5500。

16:00

諸多品項個性十足
主打德式扭結麵包
的咖啡廳

D BREADYPOST 聖水

브레디포스트 성수

這間咖啡廳專賣扭結麵包，藉
著Q軟的口感與獨特的口味驚
艷世人。

(MAP)P.183 C-2 ☎0507-1442-2058
🏠城東區上院1街5 ⏰10:00～20:
00 🔒無休 📍地下鐵2號線轟島站5號
出口步行3分鐘

📷 breadypost_bakery

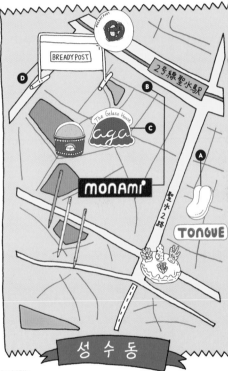

Favorite Area Guide 2

延禧洞

從弘大搭公車出發到小眾區域來場小冒險

延禧洞雖然離地鐵站有一段距離，卻是許多當地人假日出遊放鬆的好去處。

這裡是歷史悠久的高級住宅區，住著學者和政界人士，處處可見質感咖啡廳和商家。延禧洞的商家分布並不密集，但也因此可以享受散步尋寶的樂趣。想遠離塵囂時，不妨來這裡看看。

ACCESS

最近的地鐵站是機場快線和地下鐵2號線的弘大入口站，距離3號出口步行約20分鐘。另一個熱門觀光地區延南洞就在附近，建議也繞過去看看。也可以搭公車或計程車直接前往想去的店家。如果要前往Anthracite延禧店（P.159），可於弘大入口站搭乘7739、7734、7612等公車，車程約10分鐘，於延禧洞自治會館站下車後再走4分鐘。

╲ 地區迅速導覽 ╱

☐ 瀰漫適度生活氣息的時尚住宅區
一座又一座的豪宅，營造出沉靜的氛圍。中心地帶有一家進口食品超市「SARUGA Shopping Center」。

☐ 精選好物齊聚一堂
儘管延禧洞離車站較遠，不少質感商家仍能吸引民眾特地前來尋找絕無僅有的商品。

☐ 當地人推薦美食也不少！
延禧洞有很多中餐廳，最有名的是名廚李連福經營的「木蘭」。除此之外，還有韓式烏龍麵和刀削麵名店「延禧洞刀削麵」。

荷葉飯套餐₩1萬5000。右下的照片是別飯套餐₩1萬3000。

12:00
午餐就吃
在地人超愛的
健康餐
B 延禧別飯
연희별밥

主打溫馨家庭口味簡餐的餐館，主要提供別飯，包含米飯和各式自製涼拌蔬菜、山菜與菇類。

(MAP)P.178 D-1 ☎02-336-0866 🏠西大門區延禧路15街31 ⏰11:00～14:30、17:00～19:30 🚫週六 🚇機場快線／地下鐵2號線弘大入口站9號出口搭巴士＋步行15分鐘 @byeol_bap

10:30
坐在**小學前的咖啡廳**
悠～哉片刻

A Anthracite 延禧店
앤트러사이트 연희점

這間咖啡廳無論採光或座椅設置，每一處細節都經過精心設計，營造出一種冷僻卻不失溫暖的美感。美式咖啡₩5500、麝香葡萄萊姆氣泡飲₩7000。

(MAP)P.178 D-1 ☎02-332-7650 🏠西大門區延禧路135 ⏰9:00～22:00（LO21:30）🚫無休 🚇機場快線／地下鐵2號線弘大入口站9號出口搭巴士＋步行14分鐘

13:00
特色選書看不完
小書店裡的
幸福時光♥
C your-mind
유어마인드

以藝術書籍和小誌為主，販賣小型出版社和個人的獨立出版物、商品、唱片。
→P.75

14:00
休息吃點 **義式冰淇淋！**

D Cold Recipe
콜드레시피

店家每日手工製作的義式冰淇淋，不使用任何合成色素和穩定劑，味道溫和、口感綿軟。每天供應的口味都不一樣。

(MAP)P.178 D-1 ☎02-323-1550 🏠西大門區延禧路11La街2 ⏰12:00～21:00 🚫週一 🚇機場快線／地下鐵2號線弘大入口站9號出口搭巴士＋步行15分鐘 @coldrecipe

雙球（草莓雪酪＆伯爵茶）₩5500。也可以選擇杯裝。

14:30
適合當伴手禮！
明信片專賣店

E POSET 延禧
포셋 연희

由object（P.85）經營的明信片專賣店。店內陳列著大約3200張韓國創作者設計的明信片。

(MAP)P.178 D-1 ☎0507-1329-7427 🏠西大門區緣加路18 3F 305 ⏰12:00～18:00 🚫週一 🚇機場快線／地下鐵2號線弘大入口站8號出口搭巴士＋步行15分鐘 @poset.official

價格大約落在₩2000～5000之間。另售有文具，可以在店裡的單人座位上寫信。

망원동

望遠洞

鬧區隔壁的溫馨小鎮

雖然熱鬧的弘大很好玩，但想要了解首爾更有個性的一面，就得到隔壁的望遠洞。這裡有許多小型商家、咖啡廳和創作者的工作室，走進每一條巷子，都可能會發現不同的驚喜。

望遠洞是住宅區，所以傍晚也會看到放學後準備回家（還有去補習）的孩子。到市場感受當地人的日常生活也不錯。

ACCESS

最近的地鐵站是6號線的望遠站。從2號出口出站，轉進一條很多餐廳的巷子，直行約350公尺左右，右手邊就是望遠市場的南口。再走約100公尺，就能抵達咖啡廳和時尚商店林立的「望理團路」。若從弘大區出發，步行需時約30分鐘，建議搭乘地下鐵或計程車。

＼ 地區迅速導覽 ／

☑ 創作者的工作室隨處可見
以藝術學院聞名的弘益大學就位於隔壁的弘大地區，因此很多創作者也將活動據點設在望遠洞。

☑ 挑戰媒體和社群媒體上的熱門市場美食
望遠市場是當地居民生活中的一部分，市場裡有生鮮食品、生活用品，還有豐富的美食。韓國電視節目也曾前來採訪。

☑ 想要清閒一下時可以到望遠漢江公園
望遠漢江公園（MAP P.179 A-4）距離望遠市場路程約15分鐘。欣賞河景之餘，也可以喝喝飲料、吃吃便利商店的泡麵。

15:00

在地人喜愛的
冰淇淋店

B Dangdo
당도

手工義式冰淇淋2款₩5500。每天供應不同口味，詳情請見Instagram的限時動態。

(MAP)P.179 A-3 ☎070-8690-1088 🏠麻浦區團隱路106 🕐12:00~21:00 🔒無休 ♀地下鐵6號望遠站2號出口步行8分鐘 📷gelateria_dangdo

QS炸雞丁的炸雞CUP（小）一杯₩4000，年糕盒₩3000。

14:00

深入在地市場
邊逛邊吃平民美食

A 望遠市場
망원시장

可以一窺當地人生活風貌的傳統市場。市場內也有炸雞、年糕等各式各樣的小吃。

(MAP)P.179 B-4 🏠麻浦區團隱路8街14一帶 🕐10:00~20:00（各店情況不一）🔒無休 ♀地下鐵6號線望遠站2號出口步行5分鐘

16:00

逛遍一間間
創作者的
作品展間

C ZERO SPACE 望遠
제로스페이스 망원

韓國設計工作室Zero per zero的線下店。

(MAP)P.179 A-4 ☎02-322-7561 🏠麻浦區喜雨亭路16街322 🕐13:00~19:30、週六12:00~20:00、週日12:00~19:00 🔒無休 ♀地下鐵6號線望遠站2號出口步行9分鐘 📷zeroperzero

印著N首爾塔插畫的環保袋₩1萬8700。

D WARMGREY TAIL
웜그레이테일

由插畫師與設計師夫妻檔在2015年共同創立的品牌，販賣襪子與各種生活用品。

(MAP)P.179 A-4 ☎070-4024-3719 🏠麻浦區團隱路Grace Building 2F 🕐13:30~19:30、週六、日13:00~19:00 🔒週一 ♀地下鐵6號線望遠站2號出口步行8分鐘 📷warmgreytail

17:00

最後喝杯 講究的咖啡

E M1CT
엠원시티

這間店不走華麗路線，而是追求更貼近日常生活的簡約風格。黑色調的極簡主義空間很有風格！使用的咖啡豆都是店家自己烘焙。

(MAP)P.179 A-4 ☎010-3448-3127 🏠麻浦區喜雨亭路15街13 🕐10:00~19:00（LO18:30）、週六、日11:00~20:00（LO19:30）🔒無休 ♀地下鐵6號線望遠站2號出口步行13分鐘 📷m1ct.coffee

淋上自製咖啡糖漿的冰淇淋C.S.I ₩6500。手沖咖啡一杯₩6000起。

을지로

乙支路

新舊時光交錯 既流行又復古的 老街區

乙支路介於明洞和東大
門之間，是一條懷舊氣氛
滿載的老街區，印刷、招
牌、照明等商行櫛比鱗
次。約莫2016年
起，年輕人陸陸續續進駐
此地，將年久失修的建築
翻修成咖啡廳和酒吧。改
建印刷廠和商辦大樓一隅
的神祕特色商家吸引了人
潮，乙支路也在不知不覺
間成了「潮流地區」。

ACCESS

最近的地鐵站是地下鐵2、3號線的乙支路3街站，與2、5
號線的乙支路4街站，兩站相隔約8分鐘的路程。這個地區
的商家經常藏在錯綜複雜的巷弄裡，如果搭計程車前往，可
能要於大馬路下車再走去目的地。

＼ 地區迅速導覽 ／

☑ **早期是印刷工業區，現在到處都是隱密咖啡廳！**
大多店家的招牌都不大，只是在堆著印刷品、紙張，摩托車騎來騎去
的巷子裡，或商辦大樓的樓上靜靜地經營。

☑ **1968年誕生的商店街再出發**
韓國第一家住商綜合設施，世運商店街於2017年翻新完畢，成為觀
景好去處。鄰近的大林商店街也有老虎咖啡（P.163）等名店。

☑ **都市更新持續推動，街道風貌不斷變化**
近年來，許多老字號餐館都受到都更影響而紛紛遷移或關門。或許再
過個幾年，這座充滿風情的街道也將徹底改變……（淚）。

13:00 大林商店街 名店趴趴走

Ⓑ Kooum 西式糕點
구움양과

專賣手工可麗露和瑪德琳等糕點，店內展示櫃相當漂亮。

[MAP] P.176 D-4 ☎0570-1420-0414 🏠中區乙支路157大林商店街3F La列351號 ⏰12:00~18:30、週六12:30~ 🔒週日、一 📍地下鐵2、5號線乙支路4街站1號出口步行4分鐘 📷 londoncakeshop

可麗露口味有：奶茶₩2900、香草₩2800、濟州島抹茶₩2900等等。

Ⓐ 老虎咖啡
호랑이

老闆生肖屬虎。奶香十足的拿鐵和水果三明治超棒！

[MAP] P.176 D-4 ☎0507-1305-5880 🏠中區乙支路157大林商店街3F ⏰11:00~19:30（LO19:00）🔒週日、一 📍地下鐵2、5號線乙支路4街站1號出口步行4分鐘 📷 horangiicoffee

季節水果三明治₩8000。老虎拿鐵₩5000，這間店主張「天氣再冷，拿鐵也要喝冰的」。

15:00
印刷廠翻新
如藝廊般優雅的咖啡廳

Ⓒ 路易斯的東西
루이스의사물들

隱身於商辦大樓的咖啡廳，也是藝廊和家具賣場。

[MAP] P.176 D-4 ☎02-2274-4854 🏠中區清溪川路172-1 3F ⏰12:00~20:00 🔒週一 📍地下鐵2、5號線乙支路4街站9號出口步行2分鐘 📷 louis_collections

16:30
乙支路最復古的
地方就是這裡！
Ⓓ George Seoul
죠지서울

這座復古甚至有點荒廢的空間，提供造型夢幻的飲品和超可愛的花式手工甜點。

[MAP] P.177 C-4 ☎010-6208-6326 🏠中區乙支路12街6 3F ⏰12:00~22:00（LO21:30）🔒週一 📍地下鐵2、3號線乙支路3街站10號出口步行2分鐘 📷 george_seoul

乳酪蛋糕₩7000。點飲料時可以挑選喜歡的杯子到櫃台。

飄въ果凍的飲料飄茸茸（뿌로롱）、哈密瓜汽水一杯₩8500。

17:00
吃吃看 大排長龍的塔可店

Ⓔ OLDIES TACO
올디스타코

混合異國情調和韓國特色的墨西哥餐館，門口總是大排長龍。

[MAP] P.177 C-5 ☎不公開 🏠中區忠武路4街3 ⏰12:00~15:30（LO15:00）、17:00~21:00（LO20:30）🔒週一 📍地下鐵、3號線乙支路3街站8號出口步行1分鐘 📷 oldiestaco

韓國牛肋配莎莎醬和酪梨醬超搭！Oldies Taco ₩4900。

15:30
藝人也愛逛的
人氣品牌旗艦店

包包₩8萬2000、帽子₩4萬9000。聖水也有分店。

한나도
한남동
漢南洞

D EMIS
漢南旗艦店
이미스 한남플래그십스토어

花俏的運動風商品特別受歡迎。漢南洞有1號店和旗艦店共2間分店。

(MAP) P.180 F-4 ☎0507-1333-8871 🏠龍山區大使館路36 ⏰12:00～19:30、週五、六、日～20:00 🔘無休 ♀地下鐵6號線漢江鎮站3號出口步行13分鐘
📷 emis_official2017

13:00
到美術館
看看時下熱門展覽
C Leeum 美術館
리움미술관

這是三星集團經營的美術館,建築分為古董美術館和現代美術館兩部分,展品約有1萬5000件。每一次的主題展口碑都不錯,常設展區則可以免費入場。

(MAP) P.180 E-2 ☎02-2014-6900 🏠龍山區梨泰院路55街60-16 ⏰10:00～18:00 🔘週一 ♀地下鐵6號線漢江鎮站1號出口步行7分鐘
📷 leeummuseumofart

12:00
亞洲首間分店!
超人氣 吉拿棒 搶先吃
B Bonilla churros 漢南店
보닐라츄러스 한남점

來自西班牙的吉拿棒專賣店。招牌糖粉口味(5條)₩6000,記得要沾巧克力吃。

(MAP) P.180 F-3 ☎02-790-7990 🏠龍山區梨泰院路54Ga街12 ⏰12:00～20:00 🔘週一 ♀地下鐵6號線漢江鎮站3號出口步行5分
📷 bonilla.churros.korea

(截至2024年4月資料,本店歇業中)

11:00
古著混搭風
超可愛♡
購買話題品牌產品

23U EDITH BAG迷你背包₩11萬8000。狎鷗亭也有分店。

A GROVE STORE
漢南店
그로브스토어 한남점

以簡單、經典又休閒的獨特風格重新形塑1960年代的復古單品,風格獨特卻又不難駕馭!

(MAP) P.180 F-2 ☎02-792-0312 🏠龍山區漢南大路27街662F ⏰11:00～20:00 🔘無休 ♀地下鐵6號線漢江鎮站3號出口步行4分鐘
📷 grovestore

世界各國×韓國的
文化大熔爐

各國大使館都聚集於漢南洞,因此當地有許多融合了外國文化的獨特景點,也有不少時尚產業工作室,吸引了大量生活有品味的人。

14:00
漫步咖啡街
2間熱門咖啡廳

송리단길
松理團街

❶ GINGER BEAR PIE SHOP
진저베어

這家咖啡廳的現烤手工派非常有名。黑森林派₩9500、花生拿鐵₩6000。
→ P.39

上：經典肉餡派₩8500。
下：菠菜羊奶起司鹹派₩7000。

松理團路上有許多餐廳，晚上也很熱鬧。還可以看到韓國最高的樂天世界塔。

❷ Well haus
웰하우스

這間店專賣一種叫作Butter Bar的糕點，這種糕點使用大量奶油，質地紮實、風味濃郁。方起司（황치즈）₩5800、蘇格蘭（스카치）₩6000。

(MAP)P.172 F-4 ☎0507-1331-1816
🏠松坡區梧琴路16街10 2F ⏰10:00～22:00（LO21:20）🈚無休 📍地下鐵9號線松坡渡口站1號出口步行5分鐘
📷wellhaus_official

17:00
瞄準開門時刻
搶先上門
大啖極品烤肉！

❹ 高度食
→ P.115

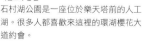

16:00
在優美行道樹排排站的池畔
悠閒地散步

❸ 石村湖公園
석촌호수공원

石村湖公園是一座位於樂天塔前的人工湖。很多人都喜歡來這裡的環湖櫻花大道約會。

(MAP)P.172 F-4 🏠松坡區蠶室路180 📍地下鐵9號線松坡渡口站1號出口步行7分鐘

大水池周邊形成的咖啡街

松理團路位於石村湖公園和樂天世界附近，是許多家庭和情侶們常逛的區域。自2018年底松坡渡口站開通以來，咖啡館如雨後春筍般冒出，甚至發展出了一條咖啡街。

HOTEL TIPS

飯店的器貼

首爾住宿選擇多元，有高級飯店也有傳統民宿。根據活動範圍選擇住宿地點，行動也比較方便。

我們常訂的旅館

단골 호텔

東大門和孔德交通方便 東西南北暢行無阻！

東大門有3條地下鐵路線交會，因此無論往東西南北任何方向都很方便，也有部分深夜巴士的路線會經過東大門。Mangrove東大門有咖啡廳和共享辦公室，機能完善、風格時尚，而且都近地鐵站。我喜歡欣賞地下室的書架上滿滿的老雜誌，常常一個不小心就忘了時間。孔德則在機場快線上，要前往機場非常方便，而且也有許多在地名店。

Mangrove 東大門

맹그로브 동대문

MAP P.176 F-5 ☎010-5082-0903 ⌂中區退溪路334 IN 15:00 OUT 11:00 ⌂177 ♀地下鐵2、4、5號線東大門歷史文化公園站4號出口步行3分鐘〔東大門〕📷 mangrove.city URL https://mangrove.city

走2分鐘到孔德站

閱覽室裡面放著老雜誌

新羅舒泰飯店 麻浦

신라스테이 마포

MAP P.173 B-3 ☎02-6979-9000 ⌂麻清區麻浦大路83 IN 15:00 OUT 12:00 ⌂382 ♀機場快線／地下鐵5、6號線／京義中央線孔德站1號出口步行2分鐘〔孔德〕URL https://www.shillastay.com/mapo/index.do

寢在飯店

호캉스

地點、景緻無可挑剔 旅行途中也能宅飯店

想在漂亮的房間裡盡情享受度假感，又想趁白天充分享受觀光樂趣嗎？這兩個願望，UH Suite一次滿足。UH是Urban Host的縮寫，這間飯店位於首爾市中心，地點絕佳，住宿體驗也非常特殊。尤其推薦The Seoul〔首爾站前店〕，這一間分店面對著首爾路7017，景緻特別漂亮。

UH Suite The Seoul

유에이치스위트 서울역점

MAP P.175 B-4 ☎0507-1339-0708 ⌂中區萬里峙路21 2～4・9、10F（櫃台9F）IN 15:00 OUT 11:00 ⌂9 ♀機場快線／地下鐵1、4號線／京義中央線首爾站15號出口步行6分鐘〔首爾車站〕📷 uh_suite URL https://uhsuite.co.kr/

舒許服服 泡其湯

別漂亮！

╱ 其他分館也不錯！ ╲

UH Suite The Myeongdong

유에이치스위트 명동점

MAP P.177 C-5 ☎0507-1469-0138 ⌂中區明洞8Ga街47 IN 15:00 OUT 11:00 ⌂31 ♀地下鐵4號線明洞站10號出口步行1分鐘〔明洞〕

166

STAYFOLIO
스테이폴리오
典雅韓屋、精緻民宿
住進最棒的旅宿

STAYFOLIO匯集了韓國與亞洲各地的住宿資訊，包括精品飯店、民宿、出租韓屋，既特別又美麗的住宿選擇目不暇給，光是瀏覽網站就令人感到幸福！

STAYFOLIO
URL https://www.stayfolio.jp/
ⓒ김동규（Donggyu Kim）

生活風格飯店
라이프스타일호텔
住宿時光更愜意的
時尚風格小旅館

摩間風格時尚的飯店擁有豐富的房型，例如寬敞的概念房，可以容納四人的QUAD ROOM。如果安排的行程是以江南地區為主，或是計畫到蠶室、奧林匹克公園一帶聽演唱會，也很推薦住這間！

Hotel Cappuccino
호텔 카푸치노
MAP P.185 C-4 ☎02-2038-9500
🏠江南區奉恩寺路155 IN 15:00
OUT 11:00 ⓪141 ♀地下鐵9號線彥州站1號出口步行3分鐘〔彥州〕
URL hotelcappuccino.co.kr

行李托運服務
캐리어 배송 서비스
替你將行李送到
飯店、機場的服務

首爾交通公社提供行李托運服務，可於當日內將隨身行李運送至仁川機場和主要地鐵站的服務處，也可以代客保管行李。

T-Luggage Storage & Delivery
URL https://tluggage.co.kr/

地鐵車站
的服務處！

住韓屋
한옥스테이
想要靜靜享受夜晚的人
可以下榻傳統韓屋

樂古齋
락고재
MAP P.177 B-1 ☎02-742-3410 🏠鐘路區桂桐街49-23
IN 15:00 OUT 11:00 ⓪6
♀地下鐵3號線安國站2號出口步行7分鐘〔北村〕
URL rkj.co.kr/en/

景福宮區域和安國站周遭的傳統地區有許多韓屋改建的民宿。不過這一帶是住宅區，韓屋的使用時間可能也比較嚴格，門禁、氣氛比較寧靜，和浴室的使用規格，請事先確認住宿規劃。

注意！

☑ 韓國飯店大多沒浴缸
韓國不像日本，在家泡澡的文化並不盛行。飯店的浴室可能只有淋浴設備，想要泡澡的人，訂房之前務必詳加確認。

☑ 鑰匙的押金
韓國飯店門鎖大多採用感應式房卡，辦理入住時可能會收取₩1萬左右的押金，退房時有退還。

☑ 客房全面禁煙
韓國飯店的客房內禁止吸煙。需要吸菸的話請至吸煙區或戶外空間。

預約網站
예약 사이트
多多比較訂房網站
偶有一晚免費方案

我們比較常用下面4座訂房網站，每座網站都有各自的促銷活動，可以訂的房型也不同，所以務必多多比較。在Hotels.com上訂房累積10晚可以獲得1晚免費住宿的優惠，長期使用很划算。這種訂房網站有時還會推出限時優惠券，千萬別錯過！

Hanchao
www.hanchao.com

Booking.com
www.booking.com

Hotels.com
tw.hotels.com

Expedia
www.expedia.com.tw

Airbnb
充滿日常生活感的旅宿

Airbnb有韓屋、時髦住宅、公寓可以選擇，住宿體驗與飯店完全不一樣。對家庭或團體來說，附廚房或有房間較多的物件也很方便。

帶孩子出來
也不怕

Q. TAIWAN ▶ SEOUL
入境韓國前要準備什麼？

A3. 隨辦隨用的eSIM最輕鬆！

如果智慧型手機支援eSIM（數位SIM卡），赴韓期間啟用eSIM就能使用當地電信公司的通訊網。出國前於網路上先購買、註冊，抵達韓國後即可立即使用。若使用預付型SIM卡，也可以上網預訂，在當地機場領取、更換（請保管好原本的SIM卡）。兩種方式都無需退還任何物品。

A4. 確認水電狀況！

韓國的自來水用來刷牙、洗臉沒問題，但不建議飲用。飲用水還是建議買礦泉水。廁所採用抽水馬桶，使用完的衛生紙通常需要丟進垃圾桶。記得事先買好電器用品的轉接頭，如果是全球通用的產品則不需要變壓器。

韓國電壓為220V，插座形式為雙針狀的SE型或C型。

A1. 2024年以前只需要入境卡

過往需要在出國前申請K-ETA電子旅行許可制度，不過2023年4月1日～2024年12月31日，暫時免除了台灣等22個國家和地區的K-ETA，90天以內的短期旅遊只需於入境時填寫並提交入境卡即可。入境和停留條件可能不定期更新，所以請務必事先確認最新消息。

A2. 方便查資料的網站！

Hanchao
URL www.hanchao.com

韓國觀光公社
URL big5china.visitkorea.or.kr

Hanchao的資訊包羅萬象，包含最新消息、優惠券、導覽，還可以訂房，非常方便。韓國觀光公社的網站上則可以查到基本資訊和最新活動消息。

Q. AIRPORT ▶ SEOUL
如何從金浦＆仁川機場前往首爾市區？

A. 可以搭客運、電車、計程車，視預算與情況選擇合適的交通工具

從仁川機場到首爾市區

・機場快線A'REX（直達）
直達首爾車站的電車。從第一航廈出發約43分鐘，從第二航廈出發約51分鐘。

> 車資 **₩9500**
> 仁川機場站→首爾車站

・機場快線A'REX（一般）
從第一航廈到首爾車站約1小時，到弘大入口站約52分鐘，費用為₩4050。

> 車資 **₩4150**
> 仁川機場站（第1）→首爾車站
> 使用IC卡的價格

・客運
機場客運有很多類型。有停靠站較多、票價較便宜的一般車，還有停靠站較少、提供寬敞座椅的高級車。

目的地	路線編號	起迄 一般/兒童	車資	主要停靠站
仁川機場出發	明洞	6015（高級）	5B/28	₩1萬7000	孔德站、南大門市場（會賢站）、明洞宜必思大使館飯店、忠武路站
	明洞東大門	6001（高級）	5B/29	₩1萬7000	新龍山站、首爾車站、明洞站、東大門歷史文化公園站
	弘大	6002（高級）	5B/30	₩1萬7000	弘大入口站、首爾四季飯店（光化門）、鍾路3街站
	江南	K-Limousine 6703（高級）	3B/19	₩1萬8000	新論峴站、三成站（首爾世貿中心洲際飯店）

從金浦機場到首爾市區

・地下鐵
搭乘機場快線至首爾車站約22分鐘，至弘大入口站約14分鐘，費用₩1350。

> 車資 **₩1450**
> 金浦機場站→首爾車站
> 使用IC卡的價格
> ※地鐵票價於2023年10月起調漲，此處為調漲前的票價。

・客運
前往明洞和江南的機場客運路線目前（2023年8月）全面停駛。雖然市內公車的票價較便宜，但要搭比較久，而且不能寄放行李，因此建議選擇其他交通工具。

・計程車
若無塞車，到明洞約50分鐘。到弘大約30分鐘，費用約₩2萬。

> 車資 **₩2萬8000**
> 金浦機場→明洞站前
> ※以NAVER Map調查之路線為準

Q. ABOUT TRANSPORTATION
旅遊期間最好的交通工具？

A3. 多多利用計程車！

主要分成橙色或銀色車身的一般計程車，和黑色的高級模範計程車。一般車的起程運價為₩4800，模範車則為₩7000，可用現金、信用卡和T-money支付。雖然也可以直接在路邊攔車，但還是建議使用Uber或KAKAO TAXI叫車。車門是手動的，需要自行開關門。

計費系統

一般計程車在晚間10～11點、凌晨2～4點的收費會漲20％，晚間11點～凌晨2點則會漲40％。

	起程運價	續程費率
一般	₩4800	₩100/131m 或30秒
模範	₩7000	₩200/151m 或36秒

主要計程車種類

• 一般計程車
銀色、橙色車身。大多是個人計程車。

• 模範計程車
黑色車身。費用稍高，但服務水準穩定。

• International Taxi
外語溝通無障礙。須要事前預約。

• JUMBO Taxi
8人座廂型車，價格與模範計程車相同。

A4. 會韓語的人也可以搭乘一般公車

一般公車基本上只能用韓語溝通，因此使用門檻較高，但路線也涵蓋某些地鐵難以抵達的區域，熟悉的話很方便。可以使用NAVER Map等app搜尋公車站和目的地之間的路線。

乘車流程

①從前方車門上車
確定目的地與公車路線號碼無誤，從前方車門上車。

②上車刷卡
上車後於感應機器刷T-money。

③下車前按鈴
聽到要下車的站名廣播響起，按下車鈴，到車門附近等待。

④下車刷卡
下車時也要用後方車門邊的感應機器刷T-money。

A1. 先安裝方便的app！

好用的交通相關app

• Hanchao韓國地圖
可以搜尋地鐵換乘方式、店家訊息，也可以觀看評論。

• NAVER Map
韓國最大入口網站的地圖app。可以切換中文。

• Uber
在國內下載好app並註冊好信用卡，即可用信用卡付款。

• KAKAO TAXI
可指定現在位置與目的地叫車。需事先註冊Kakao Talk。

A2. 有了T-money，地下鐵無礙通行！

地鐵是首爾市內的主要交通工具，共有不同顏色的1～9號線＋額外幾條路線。搭乘時可以購買單程車票或使用T-money（加值式IC卡）支付車資。T-money可於地鐵站的自動售票機和便利商店購買，刷卡乘車也有優惠。WOWPASS（P.170）也支援該功能。

T-money儲值方法

①尋找儲值機器
可以地鐵站內剪票口附近的機器加值，也可以在街上的便利商店加值。

②選擇充值交通卡
機器有中文介面。首先點選「中文」，然後選擇「充值交通卡」。

③放上卡片
將T-money放在機台上發光的地方，螢幕上會顯示餘額等資訊。

④投錢
選擇要加值的金額，投入現金。加值完成後取回卡片。

搭乘地鐵的禮節與規則

在首爾，大多數人會空出博愛座和孕婦座。即使坐在一般座位，也應當讓座給老年人。

Q. ABOUT MONEY
關於錢錢的疑難雜症！

A3. WOWPASS好方便！

如果想統一管理旅行資金，推薦使用WOWPASS。WOWPASS是外國觀光客專用的卡片，和手機app連動後，可以透過地鐵站或飯店的專用機器申請和加值，並且像信用卡一樣用於商店消費。而且WOWPASS可以直接用新台幣加值，並且透過app查看使用金額，非常方便！若用T-money（P.169）的機器加值，也可以當T-money使用。

URL www.wowpass.io/?lang=zh_TW

A4. 別忘了TAX REFUND

TAX REFUND是外國觀光客的退稅折現制度，適用於指定店家單筆消費滿₩3萬的情況。如果看到店家有標示TAX FREE，結帳時出示護照即可辦理，有些店家會當場退稅，有些則要等出境時到機場用機器辦理或至專人櫃台辦理。

A1. 匯率約₩1萬＝約235新台幣

韓國的貨幣為₩（韓元），硬幣有₩10、₩50、₩100、₩500，紙鈔則有₩1000、₩5000、₩1萬、₩5萬。不過韓國的無現金交易十分發達，便利商店和計程車的費用常用刷卡支付，但加值T-money或逛市場時仍需要現金。而且偶爾有些機器無法使用外國發行的信用卡，因此還是建議隨身攜帶一些現金，以備不時之需。

A2. 到街上換錢所更划算！

到當地換幣一定最划算。推薦的換幣場所依序為市區的官方換錢所＞銀行＞機場＞飯店。明洞有許多匯率較佳的官方換錢所。如果時間有限，也可以在機場兌換，或也可以使用WOWPASS（左上）機器兌換外幣。

Q. IN CASE OF TROUBLE
碰上意外怎麼辦？

A3. 遺失物品請依遺失地點聯絡

根據遺失物品、遺失地點，應對方法和聯繫方式也不盡相同。若遺失在計程車上，可以憑KAKAO TAXI的乘車紀錄或發票上的電話號碼聯繫計程車公司。若遺失於地下鐵，需聯絡市廳站、忠武路站、往十里站的失物招領中心。也可透過「Lost112」韓國警察廳的失物綜合指南網站找尋。

• 護照
先到警察局申請盜竊或遺失報案證明文件，再到駐外館處領事部辦理補發。

• 信用卡
聯絡發卡公司辦理停卡。必要時向警方報案並取得盜竊或遺失報案證明文件。

• 現金與貴重物品
到警察局申請盜竊或遺失報案證明文件。如有投保，回國後可能可以申請理賠。

A1. 記住以下幾個緊急聯絡電話

茶山熱線是首爾市經營的綜合電話諮詢和旅遊翻譯指南電話，提供24小時的旅遊指南服務，也提供中文服務。

> 警察 112　茶山熱線 120
> 駐韓國台北代表部 02 6329 6000
> 觀光翻譯指南電話 1330
> 遺失物綜合資訊網 Lost 112
> URL www.lost112.go.kr

A2. 生病時先諮詢飯店

生病時的處理流程，視有無購買海外旅遊保險而異。請先請諮詢飯店櫃台。

• 有投保
聯繫保險公司，詢問推薦醫院。某些保險可能可以免付現接受治療。

• 未投保
詢問飯店櫃台，前往附近的醫院。回國後可申請健保自墊醫療費用核退。

Q. ABOUT RESERVATION & DELIVERY
觀光客要怎麼訂餐廳？怎麼叫外送？

TRAVEL

A2. 也可以叫外賣或代客訂位

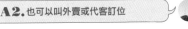

Korea Your Way

可以請飯店的禮賓人員協助，或使用遊客專用的代客訂位服務。有一些還有提供代訂炸雞等外賣服務。

Creatrip
creatrip.tw
URL https://creatrip.com/

A1. 目前以電子預約系統為大宗！

很多知名餐廳需要事先訂位才吃得到，建議使用與NAVER Map連動的NAVER預約或CATCH TABLE等app。遊客也可以使用英文版的CATCH TABLE，雖然可預約的餐廳比韓文版少，但還是值得一看。此外，很多餐廳前面都會放一台TABLING的機器供客人登記候位，只要輸入韓國手機號碼即可登記，並且能透過簡訊確認目前的號碼。只要使用擁有韓國手機號碼的SIM卡，觀光客也可以登記候位。

人氣咖啡店門前的候位登記機器。

Q. ABOUT LANGUAGE
學幾個單字片語，韓國行更順利！

A. 記住以下幾個好用的字詞

表達意思

你好
안녕하세요
annyeong haseyo

謝謝
감사합니다
kamsa hamnida

是
네
ne

不好意思、對不起
죄송합니다
choesong hamnida

沒關係
괜찮아요
kenchanayo

不是
아니요
a niyo

我要外帶（幫我包起來）
포장해 주세요
po jang hae ju se yo

請問多少錢？
얼마예요？
eolmayeyo

請給我這個
이거 주세요
igo juseyo

也有方便的app

PAPAGO
可靠的自動翻譯app。可以聽音即時翻譯，也可以翻譯圖片上的文字。

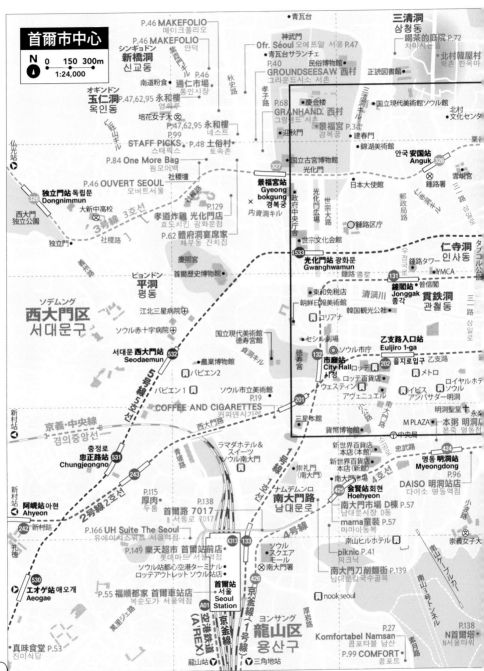

鍾路周邊

N 0   100   200m
1:12,000

倉洞站

マロニエ公園
アルコ美術館

P.34 昌慶宮
弘化門

ソウル医科大

ソウル大病院

駱山公園

梨花洞壁画村

P.89 DONUT JUNGSU 昌信店
도넛정수 창신점

CU

韓国放送通信大学

ソウル大
付設小

ソウル大
付設女子中

KTビル

弘益大学路アートセンター

P.91 THENCE
덴스

オラカイ大学路

CU

昌慶宮路

フンジョンドン
薫井洞
훈정동

CU

大学路

テハノ

忠信市場

CU

ホテルアットホーム

アミガインソウル

ソウル孝梯小

イニドン
仁義洞
인의동

恵化署

陳玉華奶奶元祖一隻雞 P.137
진옥화할매원조닭한마리

東海ヘムルタン

興仁之門
公園

興仁之門
(東大門)

清涼里站

1号線 1호선

CU

鍾路5街站
종로5가
Jongno 5-ga

鍾路 종로

コンナンタッカンマリ

東大門站
東大門站
Dongdaemun

128

東大門

P.16 富村生牛肉
부촌육회

生拌牛肉街

onion 廣藏市場 P.24
어니언 광장시장

東大門綜合市場
동대문종합시장

421

東大門

P.23 廣藏市場
광장시장

元祖ウォンハルメ

JWマリオット
東大門スクエアソウル

P.12,25 Public Garden
퍼블릭가든

365日市集 P.24
365일장

ソムンナンタッカンマリ

P.139
東大門一隻雞鋪
동대문닭한마리골목

南平和市場
(N.P.H)

maxtyle

清溪川
청계천

P.49
銀朱亭
은주정

P.57
芳山綜合市場
방산종합시장

明洞
タッカンマリ

平和市場

P.150 DOOTA MALL
두타몰

第一平和市場

P.163
老虎咖啡
호랑이

HOTEL SKY PARK KINGS TOWN 東大門
現代シティアウトレット

乙支路4街站
乙支路4街站
Euljiro 4-ga

バンサンドン
芳山洞
방산동

東湖洞

ミリオレ東大門

東大門
歴史文化公園

サンリムドン
山林洞
산림동

535

HOSUNSENG
호선센텐

訓練院公園

Hello apM

P.163
韓式糕點
구을양과

204

ホテル国都

乙支路 을지로

2号線 2호선

国立中央医療院
グッドモーニングシティ

東大門
デザインプラザ

ナインツリーホテル東大門

新韓

PJ

オジャンドン
五壮洞
오장동

ノボテルアンバサダーソウル東大門
ホテル&レジデンス

クァンヒドンイルガ

422

205

相鉄ホテルズ
ザ・スプラジール

往十里站

ノドンイルガ
인현동1街
1가

仁峴洞2街
인현동2가

ウリ

マルンネ路

光熙洞1街
광희동1가

東大門歴史文化公園站
동대문역사문화공원
Dongdaemun
History&Culture Park

apM PLACE

東横イン・ソウル
ソウル東大門2

光熙門

中区庁

現代レジデンス

五壮洞興南チッ

KB国民

536

P.166
Mangrove 東大門
맹그로브 동대문

4号線 4호선

退渓路 퇴계로

5号線 5호선

迎賓

P.142
Jean Frigo
장프리고

明洞站

忠武小

HOTEL THE DESIGNERS
東大門

青丘站

ヨニドン
延禧洞
연희동

漢城華僑中学高校

ボンウォンドン
奉元洞
봉원동

鞍山

スプノク漢方ランド

POSET 延禧 P.159
포셋 연희

Anthracite 延禧店 P.159
앤트러사이트 연희점

ソウル延禧小学校

平和教会

CU

延禧別飯 P.159
연희별밥

P.75,159 your-mind
西延中学校 유어마인드

Cold Recipe P.159
콜드레시피

クムオクタン

テシンドン
大新洞
대신동

梨大附属金蘭高校

2

object sangga P.66,90
옵젯상가

シンチョンドン
新村洞
신촌동

fe Layered 延南店
레이어드 연남점

AFE SKON
Cafe Highwaist

西大門区
서대문구

梨大附属金蘭中学校

言語教育院

平和延南 P.136
평화연남

延世大学
新村セブランス病院

延世大学

京義・中央線
경의중앙선

梨花女子大学

梨大附属小学校

京義・中央線
경의중앙선

ソウル站

草の猪 P.123
풀둩 돋배지

城山路 ソンサンロ 성산로

3

南烤腸 TOWN P.119
낭곱창타운

GOMANGO 延南店 P.111
고망고 연남점

チャンチョンドン
滄川洞
창천동

GS25

K314 新村站 신촌
Sinchon

デヒョンドン
大峴洞
대현동

梨花ウェルカムセンター

弘大入口站홍대입구
Hongik Univ.

楊花路 양화로

GS25

P.86 麥田冰店
호밀밭

GS25

2号線 2호선

K314

P.33

豚壽百 弘大直營店
돈수백 홍대직영점

現代百貨店

シンチョンノ 신촌로

241 梨大站 이대
Ewha Woman's Univ.

忠正路站

object 西橋店 P.85
옵젯 서교점

GS25

新村站
Sinchon 신촌

240 新村路

滄川中学校

ノゴサンドン
老姑山洞
노고산동

大興路

少年食堂 弘大店

新村路

ピーターキャットホテル

老姑山

m joy

サヌルリム1992

ワイホテル

K313 コグマホテル

ナンスドン
上水洞
상수동

老姑山洞体育公園

マポグ
麻浦区
마포구

西江大站 서강대
Sogang Univ.

CU

崇文中学校

臥牛公園

弘益大学
(ソウルキャンパス)

ソガンドン
西江洞
서강동

倉前路 창전로
チャンジョンノ

西江路 서강로

西江大学

崇文高校

崇文アートセンター

4

ドックエ コプチャンジョ 弘大本店

シンスドン
新水洞
신수동

ハイマート

CU

龍江小学校

麻浦アートセンター

ヨムニドン
塩里洞
염리동

西江小学校

Gwangheungchang
広興倉站 광흥창

GS25

天主教新水洞聖堂

Daeheung
大興站
대흥

ソウル女子高校

乙密台 P.50
을밀대

5

624

トンマッ路 독막로

GS25

空港鉄道 (A'REX)
경의중앙선

6号線 6호선

625

ソウルデザイン高校

クスドン
旧水洞
구수동

新水中学校

孔徳站

孔徳站

漢南洞

D　　　E　　　F

1

2

3

4

5

N　0　50　100m
1:8,800

薬水站

南山公園

WOOLF SOCIAL CLUB

6号線
6호선

SEOUL LUDENCE P.143
서울루덴스
経理団キル

BLUE SQUARE

龍山国際学校

1　2　631　3

漢江鎮站
Hangangjin
한강진

OLD FERRY DONUT
漢南店 P.89
올드페리도넛 한남점

Pipeground

CU
ウォンジェイドン
泰院第2洞
태원 제2동

グランドハイアットソウル

漢南小
P.164
GROVE SOTRE
그로브스토어 한남점

Passion5

ヨンサング
龍山区
용산구

P.164 Leeum 美術館
리움미술관

COMME des GARÇONS

33apartment P.18
33아파트인트

ブルガリア大使館

GOLDEN PIECE P.110
골든피스

ハンナムジェイドン
漢南第2洞
한남 제2동

P.164 Leeum 美術館
바다식당

P.81 hince 漢南
힌스 한남

P.164
Bonilla churros 漢南店
보닐라츄러스 한남점

漢南大路
ハンナムデロ
한남대로

LOW COFFEE
one in a million

BEAKER 漢南店

P.81 AMUSE 漢南展銷中心
어뮤즈 한남 쇼룸
シゴルパプサン

AUFGLET 漢南 P.108
아우프글렛 한남

Monday Edition

IMPERIAL PALACE
ブティックホテル

HOMER PIZZA

イテウォンロ

ミルトン

HOLLYS COFFEE梨泰院店

第一企画

DOWNTOWNER 漢南店

ハンナムドン
漢南洞
한남동

梨泰院路

1　3
梨泰院站
Itaewon
이태원

530

CU

イテウォンロ

ADER ERROR

客家 P.117
골집

普光洞路

SITI SARAH

GS25

イスラム中央聖院

ラオス大使館

P.164 EMIS 漢南旗艦店
이미스 한남 플래그십스토어

大使館路
テサクァンロ

順天郷大学病院

ハンナムジェイルドン
漢南第1洞
한남 제1동

대사관로
GS25

Little India Seoul

普光小

adel
ANTIQUE STORY
PASSE
zest

avento
ンティーク通り

ボグァンドン
普光洞
보광동

フォンジェイルドン
泰院第1洞
태원 제1동

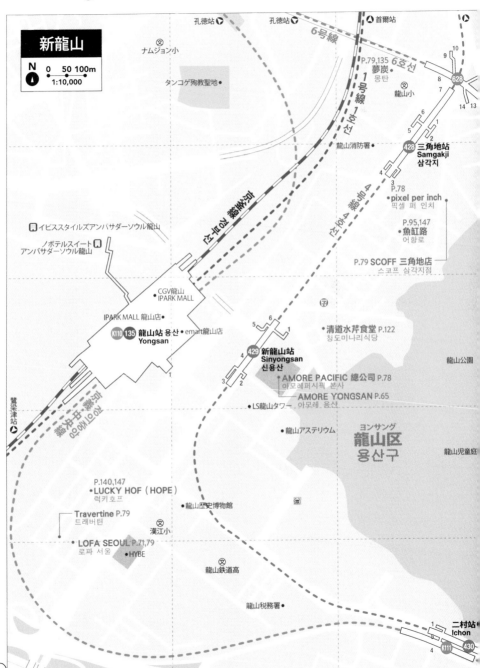

新龍山

N 0 50 100m
1:10,000

孔徳站
孔徳站
首爾站
6号線

ナムジョン小
タンコゲ殉教聖地

P.79,135 6号線
夢炭
몽탄
龍山小

龍山消防署

6号線

1号線

428 三角地站
Samgakji
삼각지

P.78
pixel per inch
픽셀 퍼 인치

P.95,147
魚缸路
어항로

P.79 SCOFF 三角地店
스코프 삼각지점

イビススタイルズアンバサダーソウル龍山

ノボテルスイート
アンバサダーソウル龍山

CGV龍山
IPARK MALL

清道水芹食堂 P.122
청도미나리식당

IPARK MALL 龍山店

X110 135 龍山站 용산
Yongsan

emart龍山店

429 新龍山站
Sinyongsan
신용산

AMORE PACIFIC 總公司 P.78
아모레퍼시픽 본사

AMORE YONGSAN P.65
아모레 용산

LS龍山タワー

鷺梁津站

龍山アステリウム

ヨンサング
龍山区
용산구

龍山公園

龍山児童庭

P.140,147
LUCKY HOF（HOPE）
럭키호프

龍山歴史博物館

Travertine P.79
트래버틴

漢江小

LOFA SEOUL P.71,79
로파 서울

HYBE

龍山鉄道高

龍山税務署

二村站
Ichon

X111 430

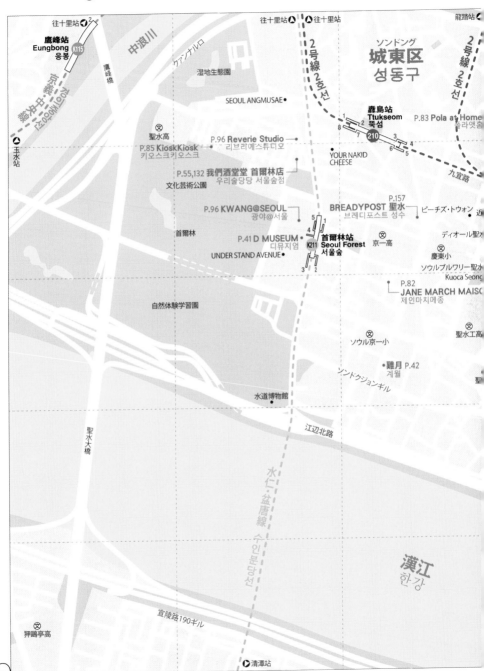

往十里站 ②
鷹峰站
Eungbong
응봉
K115

中浪川
カンナムロ
鷹峰橋

往十里站 往十里站

龍踏站

2号線2호선

ソンドング
城東区
성동구

湿地生態園

SEOUL ANGMUSAE

聖水高

蠶島站
Ttukseom
뚝섬
210

P.83 Pola at Home
플라앳홈

P.96 Reverie Studio
리브리에스튜디오

YOUR NAKID
CHEESE

九宜路

2号線2호선

P.55,132 我們酒堂堂 首爾林店
우리술당당 서울숲점

文化芸術公園

BREADYPOST 聖水
브레디포스트 성수

P.157
ビーチズ・トウォン

首爾林

P.96 KWANG@SEOUL
광야@서울

P.41 D MUSEUM
디뮤지엄

UNDER STAND AVENUE

首爾林站
Seoul Forest
서울숲
K211

京一高

ディオール聖水

慶東小
ソウルブルワリー聖水
Kuoca Seong

P.82
JANE MARCH MAISO
제인마치메종

自然体験学習園

ソウル京一小

聖水工高

雞月 P.42
계월

ソンドクジョンギル

水道博物館

江辺北路

聖水大橋

聖水

漢江
한강

水仁・盆唐線 수인분당선

狎鷗亭高

宣陵路190ギル

清潭站

A
B
C
ヨンサング
龍山区
용산구
K113
漢南站 한남
Hannam
京義・中央線 경의중앙선
강변북로
江辺北路
玉水站
漢南大橋
ハンナムテギョ
二村站
ハンガン
漢江
한강
蚕院漢江公園
STARBUCKS
首爾波浪藝術中心 P.110
스타벅스 서울웨이브아트센터점
올림픽대로
オリンピック大路
잠원로
チャムウォンドン
蠶室洞
잠원동
蚕院路
蚕院站 잠원
Jamwon
338
ON RIVER STATION
P.33 清潭海帶芽湯 狎鷗亭店
청담미역 압구정점
ミソン
アパート
狎鷗亭路 압구정로
Hotel La Casa
漢南
EATH Library
이스라이브러리
P.80
カロスキル
가로수길
P.33
三百家 街路樹街直營店
삼백집 가로수길직영점
ザ・リバーサイドホテル
Spa lei
韓信アパート
ヨンドンソルロンタン
D04
337
3호선
3号線
Sinsa 신사
新沙站
voco
ソウル江南
元祖馬山ハルメアグチム
新沙洞醬油蟹街
鶴洞公園
論峴新東亜アパート
プロカンジャンケジャン
Dr.チョン韓方クリニック
ソンタンプデチゲ
玉水站
現代アパート
狎鷗亭高
漢陽アパート
P.137 辛味食堂
P.38 Minute Papillon
미뉴트 빠삐용
P.21 BOSEUL BOSEUL狎鷗亭總店
보슬보슬 압구정본점
P.21 Lee's飯捲 狎鷗亭總店
리김밥 압구정본점
現代百貨店
新現代アパート
P.136 輪船汽笛
뱃고동
P.51 狎鷗亭麵屋
압구정면옥
現代高
336
狎鷗亭站 압구정
Apgujeong
P.61
HOJOKBAN 好族飯
호족반
ボド食堂
彦州路 언주로
島山公園
アックジョンドン
狎鷗亭洞
압구정동
JK美容整形外科
P.116
Hamo
하모
P.34 SULWHASOO DOSAN FLAGSHIP STORE
설화수 도산 플래그십 스토어
シンサドン
新沙洞
신사동
P.61,86 ZENZERO 島山
젠제로 도산
P.61 GENTLE MONSTER HAUS DOSAN
젠틀몬스터 하우스 도산
P.69 TAMBURINS HAUS DOSAN
탬버린즈 하우스 도산
P.109 NUDAKE HAUS DOSAN
누데이크 하우스 도산
論峴路
논현로
P.95 真味平壌冷麵
진미평양냉면
학동
鶴洞站
Hak-dong
インペリアル
パレス
731
학동로
鶴洞路
論峴站 논현
Nonhyeon
D05
732
7号線 7호선
カンナムグ
江南区
강남구
ヒルトップ
エリエナ
論峴市場
ニューコアアウトレット
ニューコア
アウトレット
新盤浦路
盤浦站 반포
Banpo
신반포로
733
蚕院
盤浦XIアパート
京釜高速
江南大路
ケッポレチシジュ
本店
P.167 Hotel Cappuccino
호텔 카푸치노
ノニョンドン
論峴洞
논현동
GLAD LIVE江南
926
彦州站 언주
Eonju
봉은사로
ベスト・ウェスタン
チャ病院
鷺梁津站
高速巴士客運站
Express Bus Terminal
고속터미널
GOTO MALL
923
339
ソウル高速バスターミナル
新世界
百貨店
JWマリオット
734
砂平大路
사평대로
9号線
9호선
924
砂平站
Sapyeong
사평
バンポドン
盤浦洞
반포동
경부고속
盤浦
CU
신논현
新論峴站
Sinnonhyeon
925
D06
奉恩寺路
三井
ノボテルアンバサダー江南
忠峴教会
CU
muwol
新村黃牛烤腸
江南直營店 P.119
신촌황소곱창 강남직영점
国技院
GS
ACホテル・バイ・マリオット・ソウル江南
站三公園
科学技術会館
盤浦高
瑞草中央路
美都
アパート
CHICOR 江南站店
P.144 OLIVE YOUNG 江南TOWN
올리브영 강남 타운
ARTMONSTER
江南站店
盤浦大路
3号線
서초중앙로
P.65 MUJI 江南店
무지 강남점
站三站 역삼
Yeoksam
2호선
テヘラン路
江南ファイナンスセンター
ソチョグ
瑞草区
서초구
三豊アパート
P.65 江南車站地下購物中心
강남역지하쇼핑센터
222
肉典食堂4号店
D07
江南站地下ショッピングセンター
2号線
進興アパート
강남 江南站
Gangnam
新盆唐線 신분당선
永東中央
国立中央図書館
総神大入口(梨水)站
ソリコル公園
3호선
地方法院
瑞草署
モンマルト
公園
地方検察庁
반포대로
Seoul Nat'l Univ. of Education
教大站 교대
瑞草大路
서초대로
瑞草コープ
レジデンス
ロッテ七星
P.94
EGG DROP 江南店
에그드랍 강남점
ヨクサムドン
站三洞
역삼동
340
223
ソチョドン
瑞草洞
서초동
舍堂站
良才站
良才站

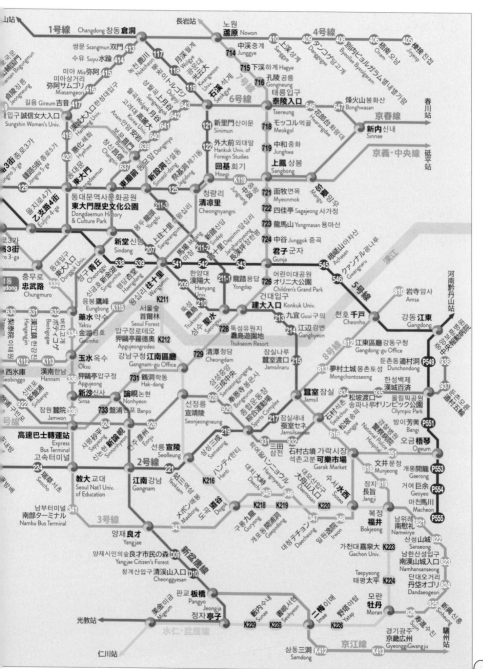

首爾地下鐵路線圖

PROFILE

omo!

後藤涼子與土田理奈組成的編輯寫手搭檔，主要參與製作韓國、台灣旅遊資訊、K-POP、語言等主題的書籍、雜誌、娛樂內容。「omo!」是韓文的「어머」，表示驚訝的意思。他們取這個名字，是期許自己能一直從事驚喜不斷的活動——但其實最一開始只是因為發音很可愛。主要著作和出品如《24H台灣漫旅》和《妄想旅行#宅韓國》（暫譯）。

TITLE

24H首爾漫旅

STAFF		ORIGINAL JAPANESE EDITION STAFF	
出版	瑞昇文化事業股份有限公司	撮影	日高奈々子　ミヤジシンゴ
作者	omo!	イラスト	Redfish（カバー帶、P6-7、P.155-165、P.168-171、189）
譯者	沈俊傑	マップ	s-map
		表紙・本文デザイン	iroiroinc.　佐藤ジョウタ、大熊ヒロミ
創辦人 / 董事長	駱東墻	コーディネート	LEE SHIHO
CEO / 行銷	陳冠偉	写真協力	HIKARU　KIM JWASANG
總編輯	郭湘齡		關係諸施設　Shutterstock
特約編輯	謝彥如	企画・編集	白方美樹（朝日新聞出版 生活・文化編集部）
文字編輯	張聿雯　徐承義		
美術編輯	謝彥如		
國際版權	駱念德　張聿雯		

排版	二次方數位設計 翁慧玲
製版	明宏彩色照相製版有限公司
印刷	桂林彩色印刷股份有限公司

法律顧問	立勤國際法律事務所　黃沛聲律師
戶名	瑞昇文化事業股份有限公司
劃撥帳號	19598343
地址	新北市中和區景平路464巷2弄1-4號
電話 / 傳真	(02)2945-3191 / (02)2945-3190
網址	www.rising-books.com.tw
Mail	deepblue@rising-books.com.tw
港澳總經銷	泛華發行代理有限公司

初版日期	2024年6月
定價	NT$450／HK$141

國家圖書館出版品預行編目資料

24H首爾漫旅／omo!作；沈俊傑譯. --
初版. -- 新北市：瑞昇文化事業股份有
限公司, 2024.06
　192面；　14.8x19.3公分
譯自：Seoul guide 24H
ISBN 978-986-401-736-2(平裝)

1.CST: 旅遊 2.CST: 韓國首爾市

732.7609　　　　　　　　113006235